Bianka Bleier · Birgit Schilling

Besser einfach – einfach besser

Das Haushalts-Survival-Buch

mit Illustrationen von
Jan-Philipp Buchheister

scm R.Brockhaus

9. Auflage 2007

Satz: Factory · B. Lieverkus, Remscheid
Umschlag: Dietmar Reichert, Dormagen
Illustrationen: Jan-Philipp Buchheister, Hamburg
Druck: Druckerei Theiss GmbH, Österreich
ISBN 978-3-417-24711-4
Bestell-Nr. 224 711

Inhaltsverzeichnis

Survival-Haushalt Besser einfach – einfach besser – Was bedeutet das?

»Survival« – Das ist eine gute Nachricht ...

... für Hausfrauen und Hausmänner ohne Berufung und Leidenschaft, die ihre Hausarbeit erfolgreich und mit Anstand hinter sich bringen wollen, weil sie wissen: Es gibt ein Leben nach dem Haushalt!

... für Menschen, die die Arbeitsabläufe in ihrem Haushalt vereinfachen wollen, weil sie nicht mehr bereit sind, ihre beste Zeit und Kraft in die Hausarbeit zu stecken.

... für Menschen, die neugierig und flexibel genug sind, um traditionelle Arbeitsgewohnheiten auch einmal von einer anderen Seite aus zu betrachten, die Ansprüche überprüfen und Zugeständnisse in Sachen Perfektion machen können. (Nicht nur Leinen knittert edel ...)

... für Menschen, die Prioritäten sinnvoll festlegen (statt sie unbewusst von anderen zu übernehmen) und ihr Leben in die eigene Hand nehmen möchten.

Was dieses Buch kann:

Dieses Buch kann Sie entlasten, wenn Sie Ihren Haushalt bis zum »Wohlfühlpegel« führen wollen, und zwar ordentlich, überschaubar und effizient. Aber nicht Sie wollen dem Haushalt dienen. Ihr Haushalt soll Ihnen dienen. Mit dieser Zielvorgabe können Sie ihn in einem Bruchteil der bisherigen Zeit erledigen und Zeit gewinnen für das, was Ihnen wichtig ist. Sie sind es, die die Maßstäbe festlegen, was Sauberkeit und Ordnung betrifft!

Dieses Buch kann Ihnen helfen, dass Ihr Haushalt ein klar umrissener Arbeitsbereich wird, der nicht mehr Ihr Leben dominiert, ein Bereich unter anderen, nicht endlos ausufernd, sondern zeitlich

»Man sollte die Dinge so einfach wie möglich machen. Nur nicht einfacher.«
Albert Einstein

begrenzt. Dass das geht, haben wir beide, Birgit und ich, selbst erlebt. Heute schaffen wir unseren Haushalt in einem Bruchteil der Zeit, die wir früher brauchten.

In diesem Haushalts-Survival-Buch stellen wir Ihnen Wege vor, auf denen Sie lernen können, Ihre Hausarbeit so weit zu vereinfachen, dass Sie Zeit gewinnen für andere wichtige Dinge des Lebens.

Ihr Leitfaden durch das Buch

Dieses Buch ist im Baukastensystem, in Modulen, aufgebaut, das heißt, Sie können die einzelnen Kapitel in jeder beliebigen Reihenfolge lesen, je nachdem, was Sie gerade interessiert und welchen speziellen Nutzen Sie aus diesem Buch ziehen wollen. Die Kapitel sind in sich abgeschlossen und voneinander unabhängig.

Damit Sie das, was Sie interessiert, auf Anhieb finden und sich schnell orientieren können:

- **In Kapitel 1** erfahren Sie, wie die Autorinnen auf die Idee des Survival-Haushalts gestoßen sind.
- **In Kapitel 2** erfahren Sie alles, was Sie vor der Vereinfachung Ihres Haushalts bedenken sollten. Hier kommen Sie Ihren eigenen Werten im Blick auf Ihre Haushaltsführung auf die Spur.
- **In Kapitel 3** durchlaufen Sie einen Grundkurs rund ums Thema Zeitplanung. Hier erfahren Sie, wie Sie Ihre Lebensziele entdecken und diese im Alltag auch tatsächlich verfolgen können.
- **In Kapitel 4–9** dreht sich alles um die praktische Umsetzung eines Survival-Haushalts in den wichtigsten Bereichen: Entrümpeln, Familienmithilfe, Putzen, Waschen, Einkaufen, Kochen und Einfrieren.
- **Kapitel 10** enthält praxiserprobte Survival-Rezepte.
- **Und zum Schluss** bekommen Sie Antworten auf Fragen zum Survival-Haushalt (die Sie sich sicher stellen werden).

Checklisten und Pläne helfen Ihnen, sich selbst und den Besonderheiten Ihres Haushalts auf die Spur zu kommen und neue Ideen gleich praktisch umzusetzen.

Kapitel 1

Zwei Wege, ein Ziel

Unterwegs zum Survival-Haushalt

Ich, Bianka, bin eine spätberufene Hausfrau. Als ich mit 19 von zu Hause auszog, lautete mein einziger Ehrgeiz in Bezug auf Haushaltsführung: »Nicht wie meine Mutter!« Ich wollte mich nicht reduzieren lassen auf die kleinkarierte, spießbürgerliche Rolle des gemeinen Hausweibchens. Auf keinen Fall wollte ich meine wertvolle Zeit und Energie mit solchen Nebensächlichkeiten wie Haushalt verschwenden.

Es hat sich nicht vermeiden lassen; spätestens als unsere Kinder kamen, musste ich in jahrelanger Kleinarbeit lernen, was ich damals verweigerte. Wie oft habe ich das Rad neu erfunden, weil ich zu stolz war, meine Mutter oder andere erfahrene Hausfrauen zu fragen, wie sie dies und jenes handhaben.

Immer wenn ich glaubte, meinen Haushalt andeutungsweise im Griff zu haben, änderte sich meine Lebenssituation: Ein weiteres Kind kam zur Welt, wir zogen von der kleinen Wohnung in unser Haus um, unser drittes Kind musste oft ins Krankenhaus, ich begann wieder zu arbeiten ... Jedes Mal trug das alte System nicht mehr, holte mich das Chaos wieder ein. Haushalt als notwendiges Übel – mit dieser Einstellung war ich als Familienfrau nicht länger überlebensfähig.

Mein Lebensgefühl war immer mehr: Ich komme eigentlich nicht zum Eigentlichen. – Ich komme immer zu kurz. – Ich komme zu gar nichts mehr. – Ich komme nicht mehr zur Ruhe.

Spät erst entdeckte ich, wie schwer ich mir mein Leben damit machte und dass es allgemein gültige Prinzipien bei dieser Art von Arbeit gibt, gegen die es sinnlos ist, sich zu wehren. Sie vereinfachen das Leben und schaffen Raum für anderes.

Wenn man angesichts einer trostlosen Erkenntnis lachen kann, so bedeutet das die Rettung.
Käthe Kratz

Vor einigen Jahren, als das Chaos um mich herum parallel zu den äußeren Anforderungen und meiner inneren Verzweiflung immer mehr stieg und den Leidensdruck verstärkte, fing ich endlich an, mein Hausfrauendasein zu organisieren.

Ich verlor jede Scheu und begann, über den Gartenzaun in die Haushalte befreundeter Hausfrauen zu blicken, die ihren Haushalt ohne nennenswerten Aufwand im Griff zu haben schienen. Die hilfreichen Ratschläge, die Zeit sparenden und Kräfte schonenden Geheimtipps – ich wollte sie alle wissen!

Ich erfuhr, wie diese Powerfrauen planten und ihr Pensum straff abarbeiteten, ohne etwas vor sich herzuschieben. Hatte ich es nicht geahnt, dass ein System dahinter steckte und ihr Tag auch nur 24 Stunden hatte?

Parallel dazu verschlang ich Bücher zum Thema Zeitplanung und Organisation und war verblüfft über viele unkonventionelle Ideen.

Staunend wie ein neugieriges Kind testete ich Möglichkeiten der Rationalisierung, die mir mein Leben leichter und schöner machten. Ich übte neue Gewohnheiten ein und freute mich über jede Erleichterung. Was mir bisher so verhasst war, wurde mein Hobby: Haushalt. Mein Ziel war nicht, ihn so perfekt wie möglich zu führen, sondern mit minimalem Zeit- und Kraftaufwand. Und ich machte erstaunliche Erfahrungen.

Ziele sind Träume, die wir in Pläne umsetzen; dann schreiten wir zur Tat, um sie zu erfüllen.
Zig Ziglar

»Machen Sie sich das Leben nicht unnötig schwer!«, riet mir mein Psychologe, als ich mich nach der Kur bei ihm verabschiedete. Das gab mir lange Zeit zu denken. Erweckte ich so einen Eindruck? Seither fragte ich mich immer wieder, ob und wo ich mir das Leben leichter machen durfte, ohne ein schlechtes Gewissen zu bekommen. Und ich erlaubte mir fortan immer öfter, es mir leicht zu machen.

Am Anfang war das Entrümpeln. Ich entmistete mein Haus vom Keller bis zum Dachboden. Unglaublich, was man alles nicht braucht! Ich führte überall Ordnungssysteme ein, um mein Leben einfacher zu gestalten. Ich kaufte professionelle Hilfsmittel zum Putzen von Böden und Fenstern – ich scheute keine Anschaffung, die mir das Arbeiten erleichtern würde.

Dann kamen die Pläne. Ich nahm meinen Haushalt kritisch unter die Lupe und plante optimale Arbeitsflächen und Arbeitsabläufe für Kochen, Putzen, Waschen und Einkaufen. Ging systematisch an das Thema Einfrieren ran. Ich begann meine Zeit einzuteilen, meine Arbeit, meine Einkäufe und die Mahlzeiten der Woche.

Zum Schluss kam das Delegieren. Ich hörte auf, alles »geschwind« selbst zu erledigen.

Das Jahr, in dem ich meine Planung und damit meinen Haushalt endgültig in den Griff bekam, war das Jahr, als ich endlich Zeit fand, mit meinem Mann zusammen reiten zu lernen und wieder im Liegestuhl in der Sonne zu liegen. (Und drinnen im Haus war *nicht* das Chaos!) Das Jahr, als Haushalt begann, Spaß zu machen, und keine Sisyphusarbeit mehr war, kein Fass ohne Boden, sondern ein Unternehmen mit Anfang und Ende. –

Vor vier Jahren lag mir (Birgit) eine Frage schwer auf der Seele: »Wie soll ich demnächst nur ohne Haushaltshilfe klarkommen? Jeden Tag selber kochen, waschen und putzen? Hilfe, wie werde ich das bloß schaffen?«

Nein, ich komme nicht aus hochherrschaftlichem Hause, sondern lebte 12 Jahre lang mit meiner Familie als Missionarin in Nepal. Und da dort die äußeren Gegebenheiten teilweise so primitiv waren (die Wäsche wurde am Fluss auf der Hand gewaschen, das Wasser vom Dorfwasserhahn ins Haus getragen), brauchte ich einfach Hilfe im Haushalt.

Aber unsere Perle Didi schruppte auch das tägliche Gemüse, erledigte die Einkauferei, backte das Brot, und ich war frei, um in Mission und Gemeinde aktiv mitzuarbeiten. Und das tat ich leidenschaftlich gern! Ich hatte den Freiraum, mein erstes Buch zu schreiben, arbeitete bei der Zeitschrift FAMILY mit und saß immer öfter am Computer.

Und das sollte in Deutschland jetzt alles beendet sein? Keine Zeit mehr fürs Schreiben? Keine Seminare mehr halten? Meine Träume von einer weiteren Ausbildung einfach begraben?

Viele Ängste versteckten sich hinter meinen sorgenvollen Fragen. Denn eins war mir klar: Trotz all meiner Ambitionen wollte ich definitiv nicht meine Familie vernachlässigen. Wie könnte ich das Liebste, das ich habe, nämlich meine Ehe und meine wunderbaren Kinder für eine berufliche Laufbahn opfern?

Nein, es gab nur einen einzigen Bereich, den ich rationalisieren konnte: meinen Haushalt.

In Nepal lebten wir in einer internationalen Missionsgemeinschaft. Dort lernte ich, dass man fast alles auch von einer anderen Warte aus sehen kann. So wuschen zum Beispiel alle englischen Frauen ihre Bettwäsche pünktlich jede Woche. »Als gute englische Hausfrau muss man das doch machen, oder?« Natürlich wagte ich zunächst nicht zu sagen, dass ich sie nur alle zwei bis drei Wochen wusch.

Es gibt keine Zeitprobleme, sondern nur Prioritätenprobleme.
L. J. Seiwert

Oder die Neuseeländer. Da stand ich in einem Zimmer und wollte gerade erstaunt ausrufen: »Habt ihr aber einen geräumigen Abstellraum!«, als ich in allerletzter Sekunde noch merkte, dass ich mich im Wohnzimmer befand. Es fehlte halt jede Spur von deutscher Gemütlichkeit ...

Mittags ein warmes Essen? Muss sein, denkt die deutsche Hausfrau. In den meisten Teilen der Welt wird abends warm gegessen.

Reis und scharfe Currys zum Frühstück? Warum nicht? So ist es in Nepal üblich.

Ein Kind mit knapp fünf Jahren bis drei Uhr nachmittags in die Schule schicken? Unmöglich, denken wir deutschen Frauen. Ich bin doch keine Rabenmutter! Dann sind aber fast alle europäischen Mütter Rabenmütter.

Ich könnte diese Reihe von Beispielen fortsetzen. Meine oder unsere Sichtweise ist eben nicht die einzig mögliche. Die Welt könnte auch ganz anders aussehen. Ich kann es wagen, alles erst mal in Frage zu stellen. Ich kann mein Leben in Bereichen verändern, wo es mir sinnvoll erscheint und wo ich es will.

Im Blick auf meinen Haushalt heißt das: Ich kann ihn so einrichten, wie es mir, meinen Bedürfnissen und meiner Familie entspricht.

Im ersten Jahr nach unserer Rückkehr nach Deutschland war ich wie eine Detektivin auf der Suche nach einem Haushaltskonzept, mit dem ich gut leben, ja, überleben konnte. Ich stellte mir Fragen, wie: »Muss man denn jeden Tag kochen? Wie kann sich die Putzerei Zeit sparend gestalten? Die Berge von Wäsche, wie kann ich die am besten abbauen?«

Ich las Zeitschriften und Bücher zum Thema Management und war erstaunt, wie viele Erkenntnisse in Sachen Firmenführung sich auf meine kleine Firma »Familie & Haushalt« übertragen ließen.

Es machte mir zunehmend Spaß, neue Ideen auszuprobieren und Bewährtes dann in mein Repertoire aufzunehmen.

So ist im Laufe der letzten Jahre im regen E-Mail-Austausch mit Bianka dieses Haushaltskonzept entstanden. Wir beide waren erstaunt, dass wir unabhängig voneinander zu ganz ähnlichen Ergebnissen gekommen waren, und wir spornten einander immer wieder an, unseren Survival-Haushalt weiter zu optimieren.

Inzwischen erledigen wir unseren Haushalt an den meisten Tagen fast nebenbei und haben genügend freie Zeit, um wirklich das zu tun, wozu wir uns berufen fühlen, und um unseren geliebten Aufgaben und Hobbys nachzukommen. Ist das nicht wunderbar?

Aber vielleicht finden Sie das gerade gar nicht so wunderbar, sondern fast unverschämt. Vielleicht stört Sie der Brustton der Überzeugung, in dem wir davon sprechen? Aber wir sind tatsächlich vollkommen überzeugt davon! Natürlich passieren uns auch Pannen. Die werden wir Ihnen nicht vorenthalten. Schließlich brauchen Sie nicht alles zu wiederholen, was wir schon vermasselt haben.

Schauen Sie doch einfach mal neugierig in dieses Buch. Es kann sein, dass Sie es nach ein paar Seiten mit dem Kommentar zur Seite legen: »Nein, das ist nichts für mich! Da bin ich ganz anders gestrickt.«

Aber es könnte auch sein, dass Ihr Leben durch dieses Buch auf den Kopf gestellt wird. Es könnte passieren, dass Sie mit Siebenmeilenstiefeln Ihren Haushalt umorganisieren und erstaunt feststellen: »Es funktioniert! Es klappt tatsächlich! Ich habe endlich wieder Zeit für das, was mir auf der Seele liegt und was mir Spaß macht! Endlich habe ich wieder Freiraum – ganz für mich!«

Wäre das nicht einfach wunderbar?

Kapitel 2

Susanne ändert ihr Leben

Eine fast wahre Geschichte

In diesem Kapitel erfahren Sie …

- **wie wichtig es ist, Ihren eigenen Zielen auf die Spur zu kommen**
- **wie Sie von Erkenntnissen aus dem Management für Ihre Haushaltsführung enorm viel lernen können**
- **vieles über die Ziele und Kosten einer einfachen Haushaltsführung**
- **nach welchen Werten Sie Ihren Haushalt von nun an ausrichten möchten**
- **was die Regel 80:20 nach Pareto mit Ihrem Haushalt zu tun hat**

Susanne seufzte, stellte den Wäschekorb auf die Terrasse, schenkte sich eine Tasse Kaffee ein und setzte sich in ihren Wintergarten, von dem sie eine gute Aussicht auf ihren kleinen Garten hatte. Ihr ständiger Frust ließ sich nicht länger leugnen. Immer öfter stellte sie sich die Frage: »Und nun? Soll es für den Rest meines Lebens oder zumindest für die nächsten zehn Jahre mein Schicksal sein, täglich Berge von Wäsche zu waschen, die Familie zu bekochen und den Haushalt irgendwie zu erledigen? Ständige Arbeit ohne Anfang und Ende? Wo bleiben denn da noch Zeit und Raum für mich?«

Gleichzeitig regte sich ihr schlechtes Gewissen, denn eigentlich ging es ihnen als Familie ja wirklich gut. Nachdem Sören und sie zunächst zwei Jahre vergeblich auf Nachwuchs gewartet hatten, meldeten sich Zwillinge an, ihre heute 10-jährigen Mädchen, und kurz darauf Pascal. Das Kindergeschrei in der oberen Etage versicherte ihr, dass sie nicht träumte.

Kinder, eine Ehe mit dem üblichen Auf und Ab, ihr kleines Eigenheim, das sie vor drei Jahren kaufen konnten, eine lebendige Kirchengemeinde am Ort, Freunde. – Ja, hatte sie nicht mehr, als man vom Leben erwarten konnte? Wieso nur machten sich immer häufiger Frust und Unzufriedenheit in ihr breit?

So konnte es nicht weitergehen. Es musste einfach etwas geschehen. Aber was?

Während sie mit einem weiteren Seufzer aufstand, um die trockene Wäsche von der Leine zu nehmen, kam ihr plötzlich Eva in den Sinn. Eva war vor kurzem mit ihrer Familie in diese Gegend gezogen und hatte sich ihrer Kirchengemeinde angeschlossen. In den letzten Monaten hatte Susanne sie aus der Ferne beobachtet. Irgendetwas faszinierte sie an Eva. Sie war so fröhlich, schien ihr Leben zu genießen, war so »anders«. Eva arbeitete halbtags als therapeutische Beraterin und Supervisorin. Vielleicht konnte Eva ihr ja weiterhelfen?

Allein der Gedanke daran gab Susanne Auftrieb, und sie bemerkte erstaunt, dass sie ein Lied summte, während sie die ungeliebte Wäsche zusammenlegte.

Anschließend holte sie tief Luft, ging zum Telefon, rief Eva an und bat um einen Beratungstermin.

Zwei Wochen später war es soweit. Mit klopfendem Herzen stand Susanne einen Moment vor der Praxis für Supervision, Schulung und Beratung, bevor sie schließlich auf die Klingel drückte.

Eva schien sie bereits zu erwarten und führte Susanne in ein helles, freundlich eingerichtetes Zimmer und bot ihr eine Tasse Kaffee an.

»Eva, ich weiß gar nicht, wie und wo ich anfangen soll«, sagte Susanne, aber dann platzte der ganze Frust aus ihr heraus. Nach einer Weile hielt sie inne, schaute Eva direkt in die Augen und meinte: »Und du? Wie machst du das nur? Du hast doch genau wie ich drei Kinder im Grundschulalter, bist in der Gemeinde aktiv und dann noch berufstätig! Wie kriegst du das nur hin?«

»Ich bin halt eine besonders begnadete Super-Frau!«, grinste Eva. »Nein, Spaß beiseite. Weißt du, als du eben deine Situation beschriebst, da kam es mir vor, als hörte ich mich selbst sprechen – vor fünf Jahren. Damals war unser Jüngster gerade in den Kindergarten gekommen und deine eben beschriebenen Fragen bedrängten mich genauso. Es war so paradox: Einerseits schien mein Leben bis zum Rand angefüllt zu sein. Ich brauchte alle Zeit und Kraft, um den Haushalt zu schmeißen und der Familie eine annehmbare Mutter und Ehefrau zu sein. Und dennoch fühlte ich mich immer öfter leer und unausgefüllt.

Um mich aufzumuntern, schenkte mir mein Mann zum Geburtstag einen Gutschein für den Besuch eines Zeit-Management-Seminars. Das war goldrichtig und wurde für mich zu einem Wendepunkt in meinem Leben. Ich begann Schritt für Schritt den Haushalt umzuorganisieren, so dass ich die Arbeit in immer kürzerer Zeit erledigen konnte. Dadurch gewann ich Raum und Zeit, um meinem lang gehegten, über Jahre verschütteten Wunsch, eine Ausbildung in Beratung und Supervision zu absolvieren, nachzukommen.

Das Jahr geht weiter, und ehe man sich's versieht, ist für die Tulpen, die man im Herbst nicht gesetzt hat, die Zeit gekommen, nicht zu blühen.

Heute habe ich wirklich an den meisten Tagen das Empfinden, dass ich all meine Lebensbereiche – Ehe, Familie, Haushalt, Beruf, Gemeinde – und die Zeit, die ich für mich persönlich habe, ausgewogen lebe. Ich liebe mein Leben wieder und kann die Welt an den meisten Tagen umarmen.«

Das Strahlen in Evas Gesicht war nicht zu übersehen.

Dennoch war Susannes Blick immer noch skeptisch: »Aber kommen denn jetzt nicht deine Kinder und dein Mann zu kurz? Das ist es ja, was mich zerreißt. Ich will keinen Egotrip durchziehen und meine Familie leiden lassen.«

Das Gegenwärtige ist begrenzt. Das Mögliche ist unermesslich.
Abraham Lincoln

Eva wurde wieder ganz ernst. »Du bringst die Herausforderung auf den Punkt. Das ist wirklich eine Gefahr, denn Beziehungen können wir nicht rationalisieren. Meine Kinder und mein Mann, sie brauchen meine Aufmerksamkeit und Zeit. Für sie will und muss ich weiterhin Freiräume haben.

Der Dreh- und Angelpunkt meiner Umstrukturierung lag im Bereich des Haushalts. Ich habe gelernt, dort meine Kraft optimal einzusetzen und zu rationalisieren. Meine Art, den Haushalt zu führen, ist schlichtweg viel, viel einfacher als früher.«

Nun schaute Susanne Eva neugierig an. »Du meinst, das ist dir nicht einfach so in den Schoß gefallen? Du kennst Strategien, die ich, die jede Frau erlernen kann? Dann bitte schieß los: Ich will das alles ganz genau wissen!«

Eva lachte erneut, ging an das Flipchart und schrieb auf das Blatt:

Den Haushalt vereinfachen
1. Wozu? Ziele?
2. Welche Werte will ich in meinem Haushalt leben?
3. Wo kann ich beginnen?

1. Warum ist einfach besser? Was sind meine Ziele?

»Fangen wir mit dem ersten Punkt an. Du bist also von der Idee begeistert, in kurzer Zeit den Haushalt zu schmeißen. Warum? Wozu? Was willst du denn mit der gewonnenen Zeit machen? Was ist dein Ziel?

Jede Lebensveränderung, egal welchen Bereich sie betrifft, ist erst einmal mühsam. Es entspricht einfach der Natur des Menschen, an den bekannten Verhaltensmustern festzuhalten. Er ändert sich nur, wenn ein hoher Leidensdruck vorliegt und/oder wenn er durch ein für ihn wichtiges Ziel motiviert wird. Leidensdruck, die erste Voraussetzung für Veränderung, hast du ja. Was aber ist dein Ziel?«

Susanne schaute Eva ratlos an. »Mein Ziel? Keine Ahnung. Ich habe keine Ziele. Na ja, vielleicht schon. Zumindest in den Bereichen Erziehung, Ehe und so. Da weiß ich schon, was ich erreichen will. Aber darüber hinaus?«

Eva fiel ihr fast ins Wort: »Susanne, wenn dir alle Möglichkeiten der Welt offen ständen, von deiner jetzigen Situation mal ganz abgesehen, wovon würdest du dann träumen? Was würdest du dann gerne unternehmen oder erreichen?«

Susanne schaute nachdenklich aus dem Fenster in die Ferne, errötete und sagte dann stockend: »Ich hätte so gerne wieder Freiräume, einfach Zeit ganz für mich. Verstehst du das, Eva?« Eva nickte ihr zu, während Susanne langsam weiterredete: »Bevor die Zwillinge geboren wurden, war ich ständiger Gast in unserer Stadtbibliothek. Heute bin ich kaum noch in der Lage, ein anspruchsvolles Buch zu lesen. Ist das nicht schrecklich?

Ich habe immer mal wieder versucht etwas zu lesen, wenn die Kinder in der Schule sind, aber dann hab ich die Dreckwäsche gesehen, und die Ruhe zum Lesen war dahin. Ja, ich träume von Zeit – Zeit nur für mich.

Und, na ja, es ist vielleicht eine verrückte Idee von mir, aber es war schon immer mein Traum, ein Musikinstrument zu erlernen. Meine Eltern haben damals gesagt, ich sei völlig unmusikalisch. Aber ich glaube, das stimmt gar nicht. Ich würde wirklich total gerne Saxophon spielen lernen.«

Ein Hobby ist kein Luxus, sondern ein wesentlicher Teil des Lebens.
Peter Steincrohn

»Na, das sind doch wunderbare Träume. Es können ganz konkrete Ziele werden, wie:

ein Buch pro Monat oder Woche lesen und Saxophonunterricht nehmen. Diese Ziele werden dich anspornen, deinen Haushalt umzustrukturieren.

Und nun der zweite Punkt«, sagte Eva und zeigte erneut auf das Flipchart. »Diese Frage lautet:

2. Nach welchen Werten will ich meinen Haushalt ausrichten? Welche Prioritäten habe ich?«

Meine Werte bei der Haushaltsführung

Sie haben insgesamt zehn Punkte, die Sie auf die verschiedenen Kriterien verteilen können:

perfekt	________	kulinarisch erlesen	________
spontan	________	preiswert	________
edel	________	kreativ	________
gesund	________	schnell	________

»Nach welchen Werten ich meinen Haushalt strukturiere? Werte, das hört sich so nach Firmenplanung oder Gemeindewachstum an. Da spricht man doch von solchen Grundwerten. Aber bei mir im Haushalt?«, rief Susanne erstaunt. Eva stand immer noch neben dem Flipchart und schrieb: »Firma: Haushalt«.

»Dein Haushalt, das ist doch eine kleine Firma. Und du bist die Managerin dieser Firma. Du solltest deinen Haushalt wie ein kleines Unternehmen angehen, um bewusst und effizient zu arbeiten. Also, Haushaltsmanagerin, was meinst du? Nach welchen Werten kann man einen Haushalt ausrichten? Denk mal an deine verschiedenen Freundinnen. Wie erledigen die denn ihren Haushalt?«

Fürchte nicht, dass dein Leben zu Ende geht. Fürchte vielmehr, dass es nie beginnt.
Grace Hansen

»Also, da ist Sabine, meine Nachbarin. Sie ist die Perfektion in Person. Bei ihr muss es immer tipptopp aufgeräumt und blitzblank sein. Und da eigentlich nur sie selber weiß, wie man richtig putzt und kocht, macht sie auch alles selber. Den ganzen Tag ist sie mit ihrem Haushalt zugange. Schrecklich«, sagte Susanne kopfschüttelnd. »Da kriege ich immer die Krise, wenn ich ihre Ordnung mit der meinen vergleiche.«

»Ja, solche perfekten Hausfrauen können einen schon unter Druck bringen«, lachte Eva, »zumindest, wenn man nichts aktiv dagegenhält.

Wunderbar, das ist also der erste Wert«, sagte sie und schrieb:

1. perfekt

auf das Flipchart.

»Weiter: Welche Werte siehst du noch bei deinen Bekannten?«

Susanne kicherte: »Nicole ist das genaue Gegenteil von Sabine. Bei ihr geschieht der Haushalt so nebenbei. Wenn ihr Mann mal wieder kein Hemd gebügelt im Schrank vorfindet, lässt sich Nicole vielleicht erweichen und bügelt ihm eins, oder er muss es selber machen.

Oft überlegt sie erst am Morgen, was sie zu Mittag kochen will, dann düst sie los zum Supermarkt und kauft die Zutaten. Nicole, sie lebt irgendwie spontan, so wie sie gerade Lust hat. Sie und ihre Familie scheinen damit gut klarzukommen, aber in so einem Chaos könnte ich nicht leben.«

»Und damit haben wir einen zweiten Wert, nach dem Frau ihren Haushalt strukturieren kann«, meinte Eva und schrieb:

2. spontan

auf das Flipchart.

Susanne redete gedankenversunken weiter: »Karin, meine Schwester lebt wieder nach ganz anderen Werten. Bei ihr soll es aussehen wie in einem Heft von ›Schöner Wohnen‹. Alle Teile der Einrichtung sind edel aufeinander abgestimmt. Und sie hat immer neue Pläne und Ideen, wie ihr Heim in den nächsten Monaten weiter verschönert werden kann. Sie nimmt sich Zeit und zimmert auch mal das eine oder andere Einrichtungsstück selber zusammen. Das besondere Ambiente ist ihr total wichtig. Dagegen ist meine Einrichtung 08/15«, meinte Susanne und sah zu, wie Eva auch diesen dritten Wert auf dem Flipchart-Blatt festhielt.

3. edel

»Wunderbar«, sagte Eva. »Das sind ja schon ganz prägnante Werte für die Führung eines Haushaltes. Wenn du jetzt an den Bereich der Ernährung, des Kochens denkst, welche Werte kannst du da bei deinen Freundinnen beobachten?«

»Da fällt mir sofort Uschi ein. Bei ihr gibt es nur Vollkornprodukte und Gemüse aus dem Bioladen. Sie geht auch jeden Tag einkaufen, weil sie irgendwo gelesen hat, dass das Gemüse schon am zweiten Lagerungstag beträchtlich an Vitaminen verliert. Zucker gibt es in ihrem Haus nicht. Da schmeckt selbst der Kuchen irgendwie gesund«, meinte Susanne und verzog dabei den Mund, als hätte sie eine saure Zitrone gelutscht.

»Also, unser vierter Wert«, ergänzte Eva und schrieb:

Es ist die edelste Gabe des Menschen, sich zu ändern.
Leonhard Bernstein

4. gesund

»Meine Freundin Anna ist auch ständig mit der Esserei zugange, aber aus einem anderen Grund. Jeder in ihrer Familie ist ein Feinschmecker. Ich sage ihr immer, dass sie bestimmt französische Vorfahren hat. Anna steht täglich mindestens ein bis zwei Stunden in der Küche, verwendet nur die erlesensten Zutaten und isst dann wie Gott in Frankreich. Meine Ottonormalrezepte können da nicht mithalten. Also, der fünfte Wert: kulinarisch erlesen?«, fragte Susanne.

»So ist es. Du kommt ja richtig in Fahrt«, sagte Eva vergnügt und fügte diesen Wert zu ihrer Liste:

5. kulinarisch erlesen

»Und nun: Lydia, die Super-Hausfrau. Ich kann es nicht fassen, wie sparsam sie haushaltet. Sie lebt nach der Devise: Hauptsache preiswert. Um 10 Cent zu sparen, kauft Lydia ihren Joghurt nicht in unserem Supermarkt, sondern im Laden des Nachbarortes. Und da fährt sie dann mit dem Fahrrad hin, um Sprit zu sparen. Selbst gemachte Wurstsorten, sauer eingelegtes Gemüse, Blumen aus eigener Zucht, selbst genähte Kleider – das ist mir unfassbar!«, staunte Susanne.

»Diese Lydia lebt, soweit ich das sagen kann, zwei unterschiedliche Werte, und zwar ...«, Eva schrieb auf der Flipchart weiter:

Das Zuhause ist nicht etwa der eine Ort, an dem man in der Welt der Abenteuer zur Ruhe kommen kann, sondern es ist der einzige Platz, an dem es in einer Welt der Regeln und festgelegten Pflichten noch wild zugehen kann.
G.K. Chesterton

6. preiswert

und

7. kreativ

»Sie scheint zum einen das Geld im Blick zu haben, zum anderen macht es ihr einfach Spaß, den Haushalt kreativ zu gestalten.

Sonst noch irgendwelche Werte, die wir vergessen haben?«

»Ja«, fügte Susanne hinzu, »die Kollegin meines Mannes: Julia. Ihr sind Perfektion, Gesundheit, Geld und Gourmet-Aspekte so ziemlich egal. Bei ihr zählt allein ein Wert: Hauptsache schnell. Ich glaube, sie serviert ihrer Familie fast täglich ein Fertigmenü. Fünf Minuten in die Mikrowelle, und das war's. Die restliche Haushaltsarbeit wird von ihrer Haushaltshilfe erledigt.«

»Wunderbar«, meinte Eva, »ich denke mit diesem Wert,

8. schnell

haben wir die wichtigsten Werte erfasst. Du siehst, es gibt völlig unterschiedliche Werte, nach denen du deinen Haushalt strukturieren kannst. Ein Wert ist nicht besser als der andere, er ist eben nur völlig anders.

Wenn du dir jetzt diese Werte anschaust: Nach welchen Werten erledigst du denn deinen Haushalt? Welche Gesichtspunkte spielen bei dir eine große Rolle? Ist dir Perfektion wichtig? Oder eher der gesundheitsbezogene Aspekt? Oder spielt Zeit eine entscheidende Rolle in deinem Leben?«

»Also, wenn ich jetzt so spontan antworten soll, dann müsste ich zugeben, dass ich oft versuche, viele dieser Werte zu leben. Ja, am liebsten würde ich nach all diesen acht Werten leben. Es wäre doch wunderbar, wenn ich es schaffen könnte: schnell, preiswert, besonders gesund, voll kreativ und edel wie in ›Schöner Wohnen‹ meinen Haushalt zu gestalten, oder?«, fragte Susanne erwartungsvoll.

Aber Eva schüttelte den Kopf. »Susanne, ich kann dich wirklich gut verstehen. Aber das ist eine Illusion, von der du dich verabschieden musst. Es ist nicht möglich, perfekt, besonders gesund, billig und auch noch im Blitzverfahren deinen Haushalt zu erledigen. Das kannst du gar nicht schaffen, egal, wie sehr du dich anstrengst. Und vor allem wird sich in dir immer Unzufriedenheit breit machen, weil du dem einen oder anderen Wert nicht genügst.«

Sich sorgen nimmt dem Morgen nichts von seinem Leid, aber es raubt dem Heute die Kraft.
Corrie ten Boom

»Genau so ist es, du hast Recht. Letzte Woche noch dachte ich, wenn ich billig einkaufe, dann habe ich ein schlechtes Gewissen, weil das Ganze nicht biomäßig gesund genug ist. Gehe ich beim Biobauern einkaufen und fahre dafür etwas weiter, dann meldet sich die Sparsame in mir und schimpft, und die Effiziente in mir ist auch unzufrieden. Eigentlich gebe ich oft der Stimme in mir nach, die gerade am lautesten schreit, manchmal auch durch die Medien beeinflusst. In BSE-Zeiten leben wir ohne Fleisch, dann mal wieder preiswert, dann ein paar Wochen biomäßig und so weiter. Aber so richtig zufrieden bin ich nie«, gab Susanne zu.

»Susanne, das kenne ich doch auch. Früher hatte ich so Super-Perfektions-Hausfrauen zum Vorbild, bei denen man vom Fußboden hätte essen können. Dann hatte ich aber auch so Biofreaks vor Augen, die ihre Familie hundertprozentig gesund ernährten, und wieder eine andere Freundin, die mit 250,– € Haushaltsgeld im Monat auskommt, jede Marmelade selber kocht, nie mal eine Fertigpizza einsetzt, und so weiter. Ja, und in mir war eigentlich immer schon dieses Ziel, alles in möglichst kurzer Zeit zu erledigen. So hechelte ich allen Zielen auf einmal hinterher und war schließlich völlig überfordert. ›Ich bin fix und fertig‹, war mein Lebens-Grundgefühl.

Mit der Zeit habe ich das durchschaut und gelernt, mich nach und nach mit mir und meiner Begrenztheit zu versöhnen und wirklich dazu zu stehen, wie ich, Eva Schneider, meinen Haushalt eigentlich führen möchte.

Im Blick auf mein Hauptziel, nämlich in möglichst kurzer Zeit meinen Haushalt zu erledigen, um Freiräume für meinen Berufstraum zu haben, sieht mein persönlicher Kompromiss heute wie folgt aus. Ich gehe die einzelnen Punkte mit dir durch:

1. perfekt

In einem Vortrag hörte ich folgenden Satz: Man spart 50 % Kraft, wenn man sich mit 90 % Perfektion zufrieden gibt. Ist das nicht genial? Wenn wir bereit sind, nur 10 % Abstriche bei unserem Anspruch auf Perfektion zu machen, sparen wir enorm viel Kraft.

2. spontan

Ich lebe nicht gern im Chaos. Ich bin innerlich schon recht chaotisch, habe oft tausenderlei Ideen, bin sehr spontan, in meiner Stimmung oft schwankend – und wenn ich dann noch von zu großem äußeren Chaos umgeben bin, kriege ich die Krise, und dann kriegt meine Familie die Krise, weil ich ausraste und ungenießbar bin. Also, nein, ich strebe keine Perfektion an, aber doch eine 90 %ige, überschaubare Ordnung und Sauberkeit. Für mein inneres Wohlempfinden brauche ich eine geordnete Umgebung.

3. edel

Ich liebe auch Einrichtungen wie in ›Schöner Wohnen‹ und staune immer wieder, wie es einige Frauen schaffen, ihr Zuhause stilvoll zu gestalten. Insgesamt sieht es bei uns recht wohnlich aus. Aber manchmal bin ich auch frustriert. Ich würde gerne so viel mehr machen und umgestalten, aber ich habe meine Prioritäten zugunsten meiner Berufstätigkeit gesetzt, brauche Freiräume für Familie und Freunde und habe einfach keine Kapazitäten mehr frei.

4. gesund

Es ist mir wichtig, meine Familie gesund zu ernähren. Nur zwei- bis dreimal im Monat gibt es irgendein Fertiggericht. Wir essen fast täglich Salat und Obst. Aber in der Regel gehe ich nur einmal in der Woche einkaufen. Und dann ist halt das Gemüse auch im Gemüsefach nach fünf Tagen nicht mehr so superfrisch, und es gibt zwischendrin immer mal wieder keine Frischmilch, sondern H-Milch. Ich koche auch nicht jeden Tag. An den meisten Tagen gibt es bei uns selbst gekochte Mahlzeiten aus der Tiefkühltruhe. Das ist zwar die schonendste Haltbarmachung von Nahrungsmitteln, aber natürlich nicht so vitaminreich wie frisch gekochtes Essen.

5. kulinarisch erlesen

Das Essen, das bei uns auf den Tisch kommt, soll schmecken. Aber ich habe keine Gourmet-Ansprüche. Nur ab und zu, wenn ich darauf Lust habe, koche ich mal was ganz Besonderes.

6. preiswert

Ich mache den Hauptteil meiner Einkäufe bei einem Billigdiscounter. Und dann gehe ich noch zu einem Supermarkt und ab und zu ›zum Türken‹, Bäcker, Bioladen oder Metzger. Aber um ein paar Groschen zu sparen, fahre ich nicht zu einem dritten Supermarkt. Dafür ist mir meine Zeit zu schade. Um Zeit zu sparen, gebe ich im Zweifelsfall auch mal etwas mehr Geld aus.

In der Bilanz des Lebens erscheint nicht, wovon, sondern wozu wir gelebt haben.
Herbert Frenzel

7. kreativ

Ich bewundere die Hausfrauen, die jede Marmelade selber kochen, die es lieben, ihre Wäsche draußen in der Sonne an die Wäschespinne zu hängen, und sich dann darüber freuen, wenn sie nach Sonne und Wind riecht, die wunderbare Kleider selber nähen können, aber das bin ich einfach nicht. Okay, ab und zu mal einen Rock mit meiner Tochter nähen oder mit den Kindern Marmelade einkochen und Weihnachtsplätzchen backen – aber das ist für mich die Ausnahme.

8. schnell

Für mich heißt die Devise im Blick auf meinen Haushalt: *Ich möchte in möglichst kurzer Zeit meinen Haushalt einigermaßen gut über die Bühne kriegen*. Für mich ist der Haushalt nicht meine Erfüllung, mein Ziel, sondern eher Mittel zum Zweck.«

Eva hatte ihren Vortrag beendet und schenkte sich ein Glas Mineralwasser ein, bevor sie sich wieder neben Susanne auf den Stuhl setzte.

Susanne war sprachlos und starrte auf das Flipchart mit all den verschiedenen Haushaltswerten. Dann stammelte sie: »Wie gelassen du das sagst: ›Es macht mir keinen Spaß, Marmeladen einzukochen.‹ Meinst du nicht, dass man so etwas als gute Hausfrau tun muss? Ganz egal, ob man das gerne macht oder nicht? Und Perfektion, wird so was nicht auch einfach von einer guten Hausfrau erwartet? Was würde meine Schwiegermutter sagen, wenn meine Kinder auf einmal mit ungebügelten T-Shirts rumlaufen würden?«

»Susanne, die entscheidende Frage lautet nicht: Was erwarten deine Verwandten und Freunde von dir im Blick auf deinen Haushalt, sondern: Was entspricht dir? Dir ganz persönlich? Wie bist du ›gestrickt‹, wie möchtest du im Blick auf deine Ziele deinen Haushalt erledigen?«

Susanne merkte, dass sie ins Schwitzen kam. Sie blickte auf den Boden und meinte leise: »Ich glaube, es geht gar nicht nur um ein paar Tipps zum Thema Haushalt, die ich übernehmen kann. Es geht viel tiefer. Herausfinden, was mir entspricht!? Mir selber trauen lernen!? Eigene Entscheidungen treffen und dazu stehen, auch wenn meine Freundinnen ihr Leben ganz anders ausrichten!? Ob mein Selbstbewusstsein dafür ausreicht?« Sie holte tief Luft, schaute Eva direkt in die Augen und meinte dann: »Okay, das habe ich verstanden, zumindest in der Theorie. Die Praxis muss noch folgen. Und nun?«

»Susanne, bevor du gleich darüber nachdenkst, welche Prioritäten du in Zukunft im Blick auf deinen Haushalt treffen willst, musst du dir noch deine ganz persönlichen Rahmenbedingungen bewusst machen. Warte mal ... Vor einigen Wochen habe ich dazu einen Vortrag in der Volkshochschule gehalten. Vielleicht habe ich das Flipchart-Blatt zu dem Vortrag noch hier«, meinte Eva und blätterte die beschriebenen Blätter durch. »Ja, wir haben Glück. Hier ist es«, sagte Eva. »Schau dir doch mal diese Liste an!«

Susanne begann halblaut den Text zu lesen:

Was sind meine Rahmenbedingungen?

Wenn Sie sich fragen: »Nach welchen Werten will ich meinen Haushalt organisieren?«, ist es unbedingt notwendig, dass Sie sich Ihre ganz persönliche Lebenssituation vor Augen halten. Bedenken Sie die folgenden Aspekte:

- Finanzielle Situation (Wenn diese sehr eng ist, ist die Entscheidung schon zu großen Teilen für den Wert *preiswert* gefallen.)
- Kinderzahl
- Alter der Kinder (Bei mehreren Kindern im Kleinkindalter erledigt sich die Frage nach der Perfektion schon von selbst, oder, wenn frau doch daran festhält, nur mit ganz enormem Kräfteaufwand.)
- Eigene Berufstätigkeit
- Berufliche Situation des Ehepartners (Wie viel Unterstützung im Bereich des Haushaltes kann er übernehmen?)
- Haus? Wohnung? Stadt? Land? Garten?
- Belastbarkeit und Kapazitäten
- Nachbarschaft
- Großfamile

»So, und nun bist du dran«, meinte Eva, drückte Susanne ein Blatt mit 10 Klebepunkten in die Hand und blätterte das Flipchart zurück zu den acht Haushaltswerten.

»Du hast nun 10 Punkte zu vergeben. Welche Werte sind dir wichtig? Wie möchtest du deine Prioritäten setzen? Du siehst schon, du kannst gar nicht überall 5 Punkte hinkleben. Du hast nur diese begrenzten 10 Punkte zur Verfügung. Genau wie ja auch deine Kraft und Zeit begrenzt sind. Nimm dir jetzt fünf Minuten Zeit für diese Aufgabe. Ich gehe schnell mal meine Post durchschauen.«

Eva verließ das Zimmer und Susanne saß alleine vor dem Flipchart. Ihr war mulmig zumute. Sie hielt die 10 Punkte in der Hand und blickte von einem Wert zum anderen. Wie sollte sie die Punkte nur verteilen? Und vor allem, wo sollte sie keine Punkte setzen? Während sie darüber nachdachte, fiel ihr ein Satz ein, den sie mal gehört hatte: »Nur wer Nein sagen kann, kann auch Ja sagen.«

»Ganz schön schwer ...!«, dachte sie und stöhnte leise. Zunächst zögernd, aber dann immer entschlossener nahm sie einen Punkt nach dem anderen und klebte ihn neben den gewünschten Wert. Und als sie schließlich alle 10 Punkte verteilt hatte, lächelte sie ihr Werk an. Ja, das war's! Genau so wollte und so würde sie von nun an ihren Haushalt erledigen!

perfekt	X	kulinarisch erlesen	
spontan		preiswert	X
edel	X	kreativ	X
gesund	X	schnell	XXXXX

Kurze Zeit später kam Eva mit einem Buch zurück ins Zimmer, blickte auf das Flipchart und applaudierte. »Na klasse! Du hast dich entschieden, Susanne. Das sind jetzt deine ganz eigenen Werte, nach denen du deinen Haushalt führen willst, und nicht die Werte von Lydia oder Julia, oder wie sie auch alle heißen, und ebenso wenig die deiner Mutter oder Schwiegermutter.

Du hast dich also dafür entschieden, deinen Haushalt hauptsächlich nach dem Wert *schnell/effizient* auszurichten. Kurz, du möchtest einen Survival-Haushalt führen.

Das, was wir jetzt weiter besprechen werden, ist also diesem Wert untergeordnet. Es wäre auch vorstellbar, unter dem Aspekt der optimalen Ernährung der Familie oder wie man möglichst preiswert einen Haushalt führen kann, weiterzulernen. Auch das wären interessante Themen, aber du hast einen anderen, deinen eigenen Schwerpunkt gewählt und der lautet: Survival. Oder: besser einfach.

Schauen wir uns zum Schluss die dritte Frage an:

3. Wie organisiere ich einen Survival-Haushalt? Wo setze ich an?

Was wir heute tun, entscheidet, wie die Welt morgen aussehen wird.
Boris Pasternak

Lass uns dazu mal eine kurze ›Stellenbeschreibung‹ aufstellen: Was gehört zu den Aufgaben einer Familienfrau? Was hast du in der letzten Woche so gemacht?«

Jetzt brauchte Susanne nicht lange überlegen. Eva kam mit dem Notieren der Stichworte auf ein neues Blatt des Flipcharts kaum nach.

»Kochen, backen, Gartenarbeit, Geburtstagsgeschenke kaufen, Hausaufgaben beaufsichtigen, Regale aufbauen, flicken, vorlesen, Geburtstagsparty für die Zwillinge ausrichten, Reparatur des tropfenden Wasserhahns, Handarbeiten, putzen, bügeln, Taxidienst für die Kinder, Überweisungen schreiben, Einkäufe erledigen, die Sachen für den Sperrmüll aussortieren, den Urlaub buchen ...«

»Schluss, das Blatt ist voll!«, lachte Eva. »Von meiner letzten Woche könnte ich auch noch diverse Tätigkeiten hinzufügen. Also, Hunderte von großen und kleinen Aufgaben gehören zu der Stellenbeschreibung einer Familienfrau.

Vilfredo Pareto entdeckte im 19. Jahrhundert folgende überraschende Gesetzmäßigkeit:

20 % des Arbeitseinsatzes genügen, um 80 % des Ergebnisses zu erreichen! Für die restlichen 20 % des Ergebnisses werden 80 % Arbeitseinsatz benötigt! (nach Roth/Seiwert: Zeitmanagement-Methoden auf dem Prüfstand, Springe 1996)

Wenn wir uns daranmachen, effizienter zu arbeiten, dann ist es wichtig, dass wir uns nicht verzetteln, sondern von den vielen Aufgaben genau die 20 % heraussuchen, die 80 % unserer Zeit und Kraft beanspruchen. Wenn wir die rationalisieren, dann haben wir bereits 80 % unserer Arbeit rationalisiert.

Welche Arbeiten oder Bereiche gehören deines Erachtens zu diesen 20 %?«

Zunächst zögerte Susanne ein wenig, aber dann sah sie die einzelnen Bereiche förmlich vor sich:

»Einkauf, Kochen, Putzen und Wäsche. Stimmt's?«

»Ganz genau. Ich möchte noch zwei Bereiche hinzufügen. Und zwar Mithilfe der Familie und Entrümpeln/Wegwerfen.

Wenn du diese sechs Bereiche optimal veränderst, hast du den Survival-Haushalt eingeführt.«

»Das hört sich ja total einfach an. Aber wie sieht die Umstrukturierung in den einzelnen Bereichen aus?«, fragte Susanne gespannt.

»Die entscheidenden praktischen Tipps findest du in einem Buch, das ich dir gleich geben werde. Ich möchte dir ein paar Hinweise für den Umgang damit geben:

Wer,
wenn nicht du,
und wann,
wenn nicht jetzt?
Harry Buchwitz

- Versuche nicht, alle Haushaltsbereiche auf einmal anzugehen. Fange mit einem Bereich an. Wenn diese Umstrukturierung klappt, wende dich dem nächsten zu.
- Informiere deine Familie von deinen Plänen. Sage ihr, warum du es tust und was du damit zu erreichen hoffst.
- Habe Geduld mit dir selbst! Es ist normal, dass die Phase der Umstellung anstrengend und auch mit Misserfolgen verbunden ist. Bleib dennoch weiter dran! Erfahrungsgemäß dauert es etwa sechs Wochen, bis sich neue Gewohnheiten festigen.
- Sei dein eigener Coach! Lobe dich für jeden Erfolg und sporne dich weiter an!
- Vergleiche dich nicht mit anderen Frauen. Denke daran: Du bist einzigartig, und auch nicht jeder Hinweis in diesem Buch wird dir entsprechen. Habe den Mut, deinen ganz eigenen Weg zu finden.«

Susanne trank ihr Glas Mineralwasser aus, stand auf und sagte: »Danke, Eva! Du hast mir wirklich weitergeholfen. Ich weiß, es liegen noch Berge vor mir, aber jetzt kann ich wenigstens die Schritte sehen, die ich gehen kann. Ich habe das Empfinden, dass sich mein Leben verändern wird. Und ich bin total gespannt auf alles Neue!«

Eva begleitete Susanne zur Ausgangstür. Dort hing ein Spruch von Victor Hugo. Sie las: »Nichts ist so stark wie eine Idee, deren Zeit gekommen ist.« Susanne lächelte. Genau! Die Zeit war reif für Survival!

Sind Sie reif für einen Survival-Haushalt?

Ein kleiner Test

Sind Sie mit Ihrem Leben, mit der Art, in der Sie Ihr Leben gestalten, zufrieden? Haben Sie das Empfinden, Ihr Leben selbst aktiv zu gestalten oder eher gelebt zu werden?

Finden Sie heraus, wie viele »Eigentlichs« Sie leben!

☐ Eigentlich wünsche ich mir morgens einen gelassenen Start für uns alle, aber wahrscheinlich ist Hektik normal, wenn so viele Leute gleichzeitig aus dem Haus gehen.

☐ Eigentlich gehen die anderen meistens vor. Zeit für mich selbst habe ich viel zu selten.

☐ Eigentlich weiß ich, dass es gut für unsere Beziehung ist, wenn mein Mann und ich gemeinsame Zeit miteinander verbringen, aber irgendwie geht das bei uns immer unter.

☐ Eigentlich würde ich gern mehr Zeit mit meinen Kindern verbringen, Spaß mit ihnen haben, etwas Schönes mit ihnen unternehmen. Im Trubel von Schule, Kindergarten und Haushalt bleibt aber nur wenig Zeit dafür.

☐ Eigentlich sehe ich meine Freunde viel zu selten. Ich habe keine Kraft, sie einzuladen, und zu selten Zeit, mich mit ihnen zu treffen.

☐ Eigentlich gehe ich gern einkaufen, vor allem, wenn ich Zeit habe, mir alles in Ruhe anzusehen. Aber oft läuft das Einkaufen doch in fürchterlicher Hektik ab.

☐ Eigentlich würde ich gern regelmäßig etwas Tolles unternehmen, aber wenn ich tatsächlich dazu Zeit habe, fällt mir von meinen guten Ideen keine mehr ein.

- [ ] Eigentlich liebe ich es, mich schön anzuziehen, und ich kaufe mir auch immer mal was Neues. Aber wenn ich vor meinem vollen Kleiderschrank stehe, habe ich trotzdem das Gefühl, nichts Richtiges zum Anziehen zu besitzen.

- [ ] Eigentlich würde ich gern öfters eine Bitte an mich ablehnen, aber ich fühle mich so mies, wenn ich andere enttäusche, dass ich dann doch ja sage.

- [ ] Eigentlich würde ich gern mal fünfe gerade sein lassen, was meinen Haushalt betrifft, aber ich habe einfach zu große Angst davor, dass andere negativ über mich denken, wenn sie unerwartet bei uns zu Besuch kommen.

- [ ] Eigentlich liebe ich Bücher und Zeitschriften und war früher auch oft Gast in Bibliotheken, aber heute komme ich kaum noch zum Lesen.

- [ ] Eigentlich würde ich gerne mein Lieblingshobby wieder ausüben, aber seit die Kinder da sind, finde ich keine Zeit mehr dafür.

- [ ] Eigentlich sehne ich mich nach Ordnung um mich herum, aber bei uns herrscht meistens nur das Chaos.

- [ ] Eigentlich liebe ich es, mich im Freien zu bewegen, aber ich komme selten dazu.

- [ ] Eigentlich würde ich gern sportlich aktiver sein, um Dampf abzulassen und gesünder zu leben, aber ich gehe es nicht an.

Auswertung

Kein einziges Kreuz: Sie waren nicht ehrlich, oder? Wenn doch: Verschenken Sie dieses Buch!

Bis zu 4 Kreuze: Sie sind ein Glückspilz! Im Vergleich zur Durchschnittsbevölkerung sind Sie richtig gut dran! Vom wirklich einfachen Leben sind Sie nicht weit entfernt. Sie werden sich über den einen oder anderen Tipp in diesem Buch freuen und Ihr Leben weiter optimieren!

Bis zu 8 Kreuze: Sie sind reif für einen Survival-Haushalt! Trösten Sie sich: Das wirkt für Sie vielleicht alarmierend, ist aber heutzutage (leider) fast normal. Dieses Buch kann Ihnen helfen, Ihr Leben völlig neu zu gestalten. Panik ist nicht angebracht. Aber beginnen Sie noch heute!

Bis zu 12 Kreuze: Sie sind an Ihrer Grenze. Auf mehreren Gebieten gleichzeitig haben Sie Ihre Energien aufgebraucht. Höchste Zeit, dass Sie auf einem Gebiet beginnen, Ihr Leben zu vereinfachen, und sich von dort aus zu den anderen Bereichen vorarbeiten.

Mehr als 12 Kreuze: Nur Mut! Mit diesem Buch können Sie Ihre Probleme sofort angehen. Tun Sie es in kleinen Schritten, aber tun Sie es um Himmels willen! Freuen Sie sich an jedem kleinen Erfolg! Sie werden keinen Tag bereuen.

Kapitel 3

Zeitplanung

Dem Geheimnis der verschwundenen Stunden auf die Spur kommen

In diesem Kapitel erfahren Sie…

- → **Ihre eigenen Lebensziele benennen**
- → **Ihre Lebenszielplanung konkret umsetzen**
- → **Zeitdiebe identifizieren und Ihre Gewohnheiten ändern**
- → **das Wichtige vom Dringenden unterscheiden und Prioritäten setzen**
- → **Ihre Woche und Ihren Tag sinnvoll planen**
- → **durch das Erstellen von To-do-Listen und Mindmaps Ihren Inspirationen nachgehen**

Lebenszielplanung

Ziele konzentrieren meine Wahrnehmung, meine Erinnerungen und meine Energie auf den Punkt.
Werner Roth

Ein Modeschöpfer hat eine genaue Vorstellung von dem Kostüm, das er kreieren will. Wenn er seine Schneider an die eigentliche Arbeit gehen lässt, sieht er vor sich nicht nur die paar Meter Stoff, sondern bereits das fertige Kostüm. Es ist dann nur noch eine Frage der Zeit, bis alles seinen Vorstellungen entspricht.

Genauso ist es beim Bau eines Hauses. Wenn Sie Ihr Zuhause entwerfen, dann überlegen Sie jedes Detail ganz genau: Wo soll der Esstisch der Familie sein – im Esszimmer oder in der Küche? Wie soll das Kinderzimmer aussehen? Wo müssen die Steckdosen hin?

Sie entwickeln und verwerfen Ideen, bis Sie eine ganz genaue Vorstellung davon haben, wie Ihr Haus aussehen soll. Dann wird das Ganze von einem Fachmann zu Papier gebracht, und der Bauplan, nach dem das Haus schließlich auch gebaut wird, entsteht.

Ja, im Grunde ist das Haus schon fertig, noch bevor der erste Spatenstich auf der Baustelle erfolgt.

»Schon am Anfang das Ende im Sinn haben« beruht auf dem Gesetz, dass alles zweimal geschaffen wird. Es gibt bei allem eine mentale oder erste Phase des Entstehens (Bauplan) und eine physische oder zweite Phase (tatsächlicher Bau).
Stephan R. Covey

Ein Vater geht mit seinem Sohn am Hafen einer griechischen Stadt spazieren. Sie bleiben bei einem Steinmetz stehen, der begonnen hat, einen großen unförmigen Marmorblock zu behauen.

Eine Weile sehen sie dem Mann bei seiner Arbeit zu, beobachten, wie er Ecken abschlägt, Kerben in den harten Stein haut, sich mühsam vorarbeitet. Dann gehen sie weiter.

Als die beiden nach vier Wochen wieder am Hafenplatz entlangschlendern, steht an dieser Stelle ein prachtvoller Löwe. Fassungslos fragt der Junge: »Papa, woher wusste denn der Mann, dass da ein Löwe drin ist?«

Was steckt in Ihnen drin, das Sie »herausschälen« möchten? Wie könnte Ihr »Bauplan« aussehen? Was möchten Sie zur Entfaltung bringen? Welche Träume und Ziele möchten Sie verfolgen?

Gönnen Sie sich Zeit und Raum, Ihren eigenen Lebenszielen auf die Spur zu kommen. Die Zeit, die Sie dafür brauchen, ist gut investierte Zeit. Es ist wichtige »Bauplanzeit«.

Versuchen Sie, sich selbst auf folgende Fragen eine Antwort zu geben (am besten schriftlich):

- Was sind meine Gaben, was kann ich richtig gut? Bei welchen Aufgaben blühe ich regelrecht auf? Worin bin ich besonders erfolgreich?
- Was sind meine Begrenzungen, lassen sich daraus Stärken ableiten?
- Bei welchen Charaktereigenschaften empfinde ich bei mir einen Mangel? Wie könnte ich sie ausbauen und weiterentwickeln?
- Was möchte ich in meinem Leben erreichen? Was beinhaltet für mich ein erfülltes Leben?
- Welche Werte im Leben sind mir wirklich wichtig?
- Welchen Beitrag zur Linderung der Not in dieser Welt möchte ich leisten?
- Wenn ich könnte, wie ich wollte – was würde ich dann am liebsten tun?
- Wer möchte ich für meine Familie und Freunde sein?
- Wenn ich nur noch ein Jahr zu leben hätte – was würde ich dann tun?

Die großen Dinge geschehen nur selten, jedoch die kleinen bestimmen das Leben.
Katharina Eisenlöffel

Dieses Buch kann Ihnen helfen, Ihrer Persönlichkeit und Ihren Fähigkeiten auf die Spur zu kommen: Friedbert Gay, Das christliche Persönlichkeitsprofil (DISG), R. Brockhaus Verlag, Wuppertal.

Vor einem Jahr nahm ich mir in unserem Sommerurlaub jeden Tag ein bis zwei Stunden Zeit, um mir diese Fragen zu stellen: »Birgit, was willst du mit dem Rest deines Lebens machen? Wo willst du hin? Was willst du weiterentwickeln? Was ist dein ganz spezieller Beitrag für diese Welt? Welche Gaben und Fähigkeiten hat Gott in dich hineingelegt, die du ausbauen und gebrauchen willst?«

An einem Morgen stand ich früh auf – die Familie schlief noch – und setzte mich in den wunderschönen Olivenhain unseres Ferienhauses. Ich malte zunächst einen Kreis auf ein großes Zeichenblatt. Dann unterteilte ich diesen Kreis in die Bereiche, die zurzeit mein Leben ausmachen – Ehe und Familie, Beruf, meine persönliche Entwicklung, meine Beziehung zu Gott und meine Aufgaben in unserer Kirchengemeinde –, und schrieb groß darüber: 2006. Dann fragte ich mich: »Birgit, wo möchtest du in fünf Jahren stehen? Was ist dein Ziel in jedem dieser Bereiche? Was ist deine Berufung?«

Das Blatt füllte sich mit immer mehr Stichwörtern und kleinen Zeichnungen. Und während ich so malte und schrieb, hatte ich das Empfinden: Genau, das will ich! Das ist mein Ziel!

Anschließend schrieb ich von diesem Bild geleitet einen Text. Hier sind einige Zitate aus der Einleitung und aus dem Bereich Ehe:

»Birgit Schilling, nun 46 Jahre alt, lebt ihr Leben erfüllt und glücklich. Zeiten intensiven Arbeitens und Zeiten der Muße lösen einander ab.

Birgit lebt versöhnt mit ihrer Geschichte, ihrer Persönlichkeit, mit ihren Begabungen und Begrenzungen und übernimmt mit Gottes Hilfe die Verantwortung für ihr Leben.

Wolfgang und Birgit haben voller Freude und Dankbarkeit vor ein paar Monaten ihre Silberhochzeit gefeiert. Es ist ihr ›Ding‹, gemeinsam Tandemtouren zu unternehmen, sie haben das Tanzen miteinander entdeckt, lieben die stets wachsende Intimität und Kameradschaft miteinander. Sie sind einander die besten Freunde und haben ein stimmiges Maß von ›Ich‹ und ›Wir‹. Birgit fördert Wolfgang in seiner Entwicklung und nimmt ihn ›brutto‹, – auch mit seinen Schattenseiten an.«

Dieses Visionspapier erlebe ich als hochmotivierend. Ich lese es mir fast jede Woche einmal durch und richte mein Leben darauf hin aus.

Birgit

Ich höre mich plötzlich zu mir sagen: Wenn das Leben ruhiger wird, werde ich…! Doch sollte ich inzwischen gelernt haben, dass das Leben nie lange genug ruhig bleibt. Was immer ich auch erreichen. will, ich muss es in diesem so unruhigen Leben erreichen.
Jean Fleming

Diese Übung kann Ihnen helfen:

Nehmen Sie sich in einer entspannten Atmosphäre, vielleicht auch im Urlaub, Zeit, um Ihren eigenen Lebenszielen auf die Spur zu kommen. Achten Sie darauf, dass Sie bei dieser Übung ungestört sind.

Nehmen Sie sich einen großen Bogen Papier und einige bunte Stifte. Malen Sie einen Kreis mit Unterteilungen für Ihre wichtigen Lebensbereiche. Das können Ehe, Familie, Freunde, Beruf, Verein oder Gemeinde, Hobby, persönliche Entwicklung sein.

Vision ist die Kunst, Unsichtbares zu sehen.
Jonathan Swift

Und nun denken Sie sich einmal fünf Jahre weiter. Wie könnte Ihr Leben in fünf Jahren aussehen? Schreiben oder malen Sie alles, was Ihnen spontan zu den unterschiedlichsten Bereichen in den Sinn kommt.

Welches Hobby möchten Sie noch ausbauen? Welche Weiterbildung absolvieren? Wie Ihre Familie gestalten?

Schreiben Sie anschließend von Ihrer Zeichnung und Tabelle her einen zusammenhängenden Text.

Bitte schreiben Sie im Präsens, also nicht: »Ich möchte regelmäßig einmal in der Woche schwimmen gehen«, sondern: »Ich gehe regelmäßig, einmal in der Woche schwimmen.« Durch diese Ausdrucksweise werden Sie viel stärker motiviert als durch Wünsche und vage Hoffnungen. Schreiben Sie also so klar und konkret wie möglich. Notieren Sie spontan, was Ihnen einfällt. Wenn Sie sich blockiert fühlen, helfen Sie sich, indem Sie sagen: »Ich schreibe jetzt erst einmal ins Unreine!«

Es ist nicht wenig Zeit, die wir haben, sondern es ist die viele, die wir nicht nützen.
Seneca

Indem Sie Ihre ganz persönlichen Aussage-Sätze formulieren, entwerfen Sie Ihren eigenen »Bauplan«. Dieser Plan ist ein Arbeitspapier. Vielleicht möchten Sie es ab und zu überarbeiten oder die eine oder andere Aussage noch konkreter ausdrücken oder etwas verändern. Das können Sie jederzeit tun.

Was Sie schreiben, ist keine Vorhersage der Zukunft. Viele Umstände, die Sie nicht beeinflussen können, können Ihr Leben verändern. Ihr »Bauplan« hilft Ihnen jedoch, Ihre Wünsche, Träume und Ziele klar vor Augen zu haben und das zu tun, was in Ihrer Macht steht, um sie zu verwirklichen.

Menschen, die so ihre Lebensaufgabe finden, erleben tiefe Sinnerfüllung. Im Einklang mit sich selbst setzen sie ihre Gaben dort ein, wohin sie sich »gerufen« fühlen. Sie wissen, wofür sie leben. Ihr Leben gewinnt an Konzentration und verliert an Zerrissenheit.

Finden Sie heraus, wovon Sie begeistert sind, geben Sie Ihrem Leben eine Richtung, ein Ziel!

Jahresplanung

Sie sind mit Hilfe der Lebenszielplanung Ihren persönlichen Zielen auf die Spur gekommen. Wie können Sie diese nun im Alltag verfolgen?

In genau dieses Spannungsfeld – Alltag und Lebensziele – setzt die konkrete Zeitplanung ein. Durch Zeitplanung lernen Sie, Ihre Zeitressourcen so einzusetzen, dass Sie dabei Ihre Lebensziele verfolgen.

Stecken Sie sich nun jährliche Ziele. Formulieren Sie diese so konkret wie möglich: Was möchten Sie bis wann erreicht haben?

Orientieren Sie sich dabei an Ihrer Lebensplanung. Die Dinge schriftlich vor sich liegen zu haben, hilft Ihnen, zu sortieren und konkret zu werden.

Hier ein Auszug aus meiner letzten Jahresplanung zum Thema Ehe:

Ehe: einen Eheabend pro Woche ab 19.30 Uhr. Einmal im Monat essen gehen (ab 18.00 Uhr). Eine Woche Urlaub ohne Kinder. Einige Tandem-Touren im Sommer. Gemeinsam das Buch »Das Geheimnis der Ehe« lesen.

Birgit

Der Langsamste, der sein Ziel nicht aus den Augen verliert, geht noch immer geschwinder als der, der ohne Ziel herumirrt.

Gotthold Ephraim Lessing

Dies sind weitere Beispiele für konkrete Jahresziele in den verschiedenen Lebensbereichen:

Kinder: »Ich gehe einmal im Monat mit meinen Kindern schwimmen.«

Körperliche Fitness: »Ich gehe dreimal die Woche 30 Minuten joggen.«

Weiterbildung: »Jeden Monat lese ich ein Buch, das meine Fachkompetenzen erweitert.«

Spirituelle Erneuerung: »Ich besuche einmal im Jahr ein Seminar/eine Konferenz, in der mein Glaube an Gott gestärkt wird.«

Wie aber können Sie nun diese Jahresziele wieder weiter »runterbrechen« in die konkrete Wochen- oder Tagesplanung? Bevor wir darauf eingehen, möchten wir Sie zunächst zu einem Exkurs zum Thema »Zeitplanung und typische Zeitfallen« einladen.

Zeitplanung – wozu denn?

In den Turbulenzen des Alltags geschieht es leicht, dass die wichtigen Dinge des Lebens von den dringenden verdrängt werden. Jeder will etwas von Ihnen, und zwar sofort. Dabei können sich schnell Schwerpunkte verschieben. Aber Dringendes ist nicht unbedingt wichtig. Und Wichtiges muss nicht dringend sein.

Dringende Dinge sind aufdringlich, sie schreien laut »Erledige mich!«, und haben als Beweis ihrer Dringlichkeit oft einen Termin. Obwohl sie verhältnismäßig unwichtig sein können, drängen sie oft die wirklich wichtigen Dinge unseres Lebens in den Hintergrund.

Das Geheimnis eines gelungenen Lebens: Geben Sie dem Vorrang, was wirklich zählt. Lassen Sie die wichtigen Dinge schreien.
L.J. Seiwert

Wichtige Dinge warten leise, sind unaufdringlicher und meistens nicht terminiert. Zeitmanagement-Experte Lothar Seiwert vergleicht diese Verhältnisse mit einem überfüllten Billig-Restaurant: Nur wer schreit, wird noch bedient.

Wie sieht das konkret im Alltag aus?

Das Ausmisten der Kühltruhe und das Anlegen einer Liste über deren Inhalt ist wichtig, wird aber subjektiv nicht als dringend empfunden, obwohl es langfristig große Auswirkungen hat.

Der Telefonanruf einer Nachbarin wird als dringend empfunden, ist aber in Wirklichkeit oft unwichtig. Die große Tochter zum ersten Termin beim Gynäkologen zu begleiten ist wichtig. Fensterputzen ist unwichtig.

Planen Sie bewusst Zeit mit jedem Ihrer Kinder ein, bevor sich Ihr Kalender wieder von selbst füllt. Reservieren Sie Zeit für sich und Ihren Mann, bevor die Termine sich Ihre Zeit reservieren. Um beim Bild zu bleiben: »Im Restaurant der gehobenen Klasse muss der Gast reservieren, kann sich dann aber auf guten Service verlassen.« Betrachten Sie sich in Ihrem Beruf als Familienfrau nicht als Schnell-Bäcker, sondern als 3-Sterne-Koch.

Wenn Sie mit Ihrer Zeit planlos umgehen, verwenden Sie zu viel Zeit für Dringendes und zu wenig Zeit für Wichtiges. Und am meisten bekommen das die Menschen zu spüren, die Ihnen am nächsten stehen.

Manchmal habe ich mich dabei ertappt, dass ich vor meinem jüngsten Sohn regelrecht in Arbeit geflohen bin. Einmal stand er mit einem Bilderbuch unter dem Arm vor mir, mit hoffendem Blick, während ich wie unter Zwang den Keller fertig putzte, nur weil ich diese Tätigkeit gerade spontan in Angriff genommen hatte. Hinterher fühlte ich mich mindestens genauso mies, wie er sich gefühlt haben musste.

Bianka

Als Hausfrau und eventuell berufstätige Mutter leiten Sie eine kleine Firma! Sie tragen die Verantwortung einer Unternehmerin. Das ist keine kleine Aufgabe – das ist ein Unterfangen von enormer Vielschichtigkeit. Von einer guten Zeitplanung werden Sie für Ihr Management viel profitieren!

Die Ordnung im Herzen meines Kindes ist mir viel wichtiger als die in meiner Wohnung.
A. Lennick

Mit einer gelungenen Zeitplanung gewinnen Sie

- mehr Zielbewusstsein, weil die wichtigen Dinge nicht mehr vernachlässigt werden und die dringenden Dinge einen angemessenen Platz in Ihrem Leben bekommen
- den Überblick über anstehende Aktivitäten
- einen vorhersehbaren Tagesablauf
- Gelassenheit und Verhinderung von Hektik
- eine bessere Balance zwischen Ihren einzelnen Lebensbereichen
- eine Waffe gegen »Doppelbuchungen«
- mehr Zeit für Ihre Kinder, Ihren Partner, Ihre Freunde, Ihre eigenen Interessen
- einfach mehr Lebensqualität

Das Zeitplanbuch – wichtigstes Hilfsmittel für die Zeit- und Lebenszielplanung

Als ich anfing, mein Leben mit Hilfe eines Zeitplanbuches zu planen, begann ein neuer Lebensabschnitt für mich. Es hat mir geholfen, meine Lebensziele herauszufinden, Hektik und Chaos zu verringern, wichtige Termine nicht mehr zu vergessen, die wichtigsten Dinge zuerst zu tun, Unangenehmes nicht mehr auf die lange Bank zu schieben, Aufgaben zu delegieren, mich in bestimmten Bereichen mehr einzuschränken und zu einem größeren Gleichgewicht in den einzelnen Bereichen meines Lebens zu finden (Arbeit, Familie, Ehe, Glaube, Gesundheit, Kontakte). Die Änderung war einschneidend. Zum Guten.

Bianka

Ein Zeitplanbuch (auch Zeitplaner oder Timer genannt) ist ein Werkzeug, das hilft, den vielfältigen Ansprüchen des Alltags gewachsen zu sein.

Sie finden diese Bücher in gut sortierten Schreibwaren- oder Buchhandlungen.

Ein Zeitplanbuch ist weit mehr als ein Kalender. Es kann hervorragend Ihre Termine verwalten. Aber darüber hinaus hilft Ihnen ein System von ausgeklügelten, praxiserprobten Bestandteilen, Ihren mittel- und langfristigen Lebenszielen jeden Tag einen Schritt näher zu kommen. Alle Informationen, die für die Schlüsselbereiche Ihres Lebens wichtig sind, können Sie in diesem einen Buch sammeln. So wird Ihr Zeitplanbuch zu einem individuellen, unschätzbaren Werkzeug.

Richtige Zeitplanung ist ein Rezept der Erfolgreichen; sinnvolle Zeitgestaltung eines der Weisen.
Hans Hey

Die Kernbestandteile eines Zeitplanbuches sind

- ein Ringbuchsystem mit verschiedenen Registern, auf die am oberen und seitlichen Rand zugegriffen werden kann
- ein Jahreskalendarium mit Monatsübersicht, Tages- oder Wochenblättern
- ein Adressregister
- ein Geburtstagskalender
- ein Aufgabenspeicher (To-do-Liste)
- ein Speicher, der alle wichtigen Informationen und Ideen stets verfügbar hält

Kaufen Sie sich ein Zeitplanbuch, das Ihnen auch gut gefällt – Sie werden es täglich viele Male in die Hand nehmen.

Nehmen Sie ein Kalendarium mit einem Blatt für jeden Tag. Das bietet Ihnen viel Raum für Ihre Terminplanung, das Notieren der Aufgaben, die Sie selbst erledigen und die Sie delegieren möchten, Ihre Telefonanliegen und spontane Notizen.

Nur sehr wenige leben wirklich in der Gegenwart, die meisten bereiten sich vor, demnächst zu leben.
Jonathan Swift

Juni 2002	**Dienstag, 18.**
7.00	Erledigen:
8.00	
9.00	
10.00	
11.00	Delegieren:
12.00	
13.00	
14.00	
15.00	Telefonieren:
16.00	
17.00	
18.00	Notizen
19.00	
20.00	
21.00	

Analysieren Sie Ihre Zeit – erweitern Sie Ihren Zeithorizont

Wir können unserem Leben nicht mehr Zeit geben, aber unserer Zeit mehr Leben.

Kennen Sie das Gefühl, der Tag hat zu wenig Stunden, um all das zu tun, was Sie sich vorgenommen hatten? Stehen Sie in Gefahr, Ihr Leben zu überfrachten? Stöhnen Sie häufiger: »Heute bin ich wieder zu nichts gekommen«?

Nehmen Sie dieses Gefühl ernst! Vielleicht verwenden Sie viel Zeit und Energie für etwas, das Ihnen in Wirklichkeit gar nicht wichtig ist? Bevor Sie beginnen, Ihre Zeit zu planen, ist es sinnvoll, zu prüfen, wohin sie denn immer rinnt. Oft sind Menschen überrascht, wenn sie entdecken, wohin ihre Zeit wirklich geht.

Entdecken Sie Ihre Zeitdiebe! Finden Sie heraus, wo Ihre Zeit- und Energieräuber stecken und was Ihr Leben verkompliziert.

Machen Sie eine Bestandsaufnahme – ermitteln Sie Ihren »Zeitverbrauch«

Jeder Augenblick ist von unendlichem Wert, denn er ist der Repräsentant einer ganzen Ewigkeit.
J. W. v. Goethe

- Beobachten Sie einmal für einige Tage Ihren Umgang mit Ihrer Zeit. Halten Sie dies schriftlich fest.
- Teilen Sie auf einem Blatt Papier Ihre Zeit in Fünfzehnminutenblöcke ein und tragen Sie alle paar Stunden ein, was Sie getan haben.
- Nach einigen Tagen können Sie die verschiedenen Tätigkeiten ordnen – Haushaltsarbeiten, Mahlzeiten, Schlaf, Körperpflege, Unterhaltung mit der Familie, Lesen, Fernsehen, Telefonieren etc.
- Notieren Sie sich auch, wofür die Zeit nicht reichte: pünktliches Erscheinen bei einem Termin, ein Gespräch mit den Kindern, das Zubettgehritual, entspannte Nähe mit dem Partner, Zeit zur Erholung, Abholen des Kindes im Kindergarten, Hausaufgabenbetreuung ...
- Beobachten Sie, ob Sie durch bestimmte Faktoren aufgehalten werden, die sich wiederholen.

Fragen Sie sich in dieser Zeit:

- Ist meine Zeiteinteilung sinnvoll gewesen?
- Bin ich oft genug zur Ruhe gekommen?
- Habe ich Freiraum für mich selbst gehabt?
- Habe ich genügend Zeit für meinen Partner, meine Kinder gehabt?
- In welchen Bereichen habe ich meine Zeit so gestaltet, dass ich hinterher unzufrieden war?

Identifizieren Sie Ihre Zeitdiebe

Zeitdieb Nr. 1: Unterbrechungen

Ich verliere Zeit, weil…

- ☐ ich zu Hause jederzeit erreichbar bin.
- ☐ ich angeblich die Einzige bin, die etwas weiß/kann.
- ☐ ich oft um meine Meinung gefragt werde.
- ☐ oft unangemeldeter Besuch kommt.
- ☐ ich schlecht ein Gespräch oder einen Besuch beenden kann.
- ☐ meine Kinder ständig etwas von mir wollen.
- ☐ man bei mir seine Probleme loswird.
- ☐ ich am liebsten alles selbst entscheide.

Wenn Sie unter »Telefonitis« leiden (Sie verbringen oft mehr Zeit am Telefon, als Sie eigentlich wollen, und kommen dadurch mit wichtigen Arbeiten in Verzug), dann sind Sie vielleicht auch öfters Opfer von »Gesprächsüberfällen« unterwegs oder im Büro. Manche Menschen scheinen kein Gespür dafür zu haben, ob sie Sie aufhalten oder stören.

Tipps:

- Geben Sie nicht länger Ansprüchen und Bedürfnissen anderer uneingeschränkt nach. Lassen Sie sich nicht vereinnahmen – weder am Telefon, noch bei zufälligen Begegnungen.
- Beenden Sie aktiv und freundlich Gespräche mit dem Hinweis, noch Wichtiges erledigen zu müssen.

Als ich wieder zu arbeiten begann, musste ich lernen, meine 24 Stunden neu einzuteilen.

Anfangs hatte ich für alles zu wenig Zeit: für den Haushalt, für den Beruf, für die Kinder, für unsere Ehe.

Bei der Suche nach meinen Zeitdieben identifizierte ich an erster Stelle das Telefon. Immer wenn mir etwas in den Sinn kam, unterbrach ich meine Arbeit und rief spontan jemanden an. Und immer wieder wurde ich durch das Klingeln des Telefons unterbrochen, wenn meine Arbeit gerade so richtig lief. Seit ich das weiß, gehorche ich dem Klingeln nicht mehr »blind«. Ich kann es auch mal ignorieren oder aktiv Gespräche beenden, die sich hinziehen, wenn ich weiß, dass ich sonst unter Druck komme. Meine eigenen Anliegen sammle ich in der Telefonrubrik meines Tagesblatts in meinem Kalender und telefoniere »en bloc«, wenn die Zeit dafür günstig ist.

Bianka

Tu erst das Notwendige, dann das Mögliche, und plötzlich schaffst du das Unmögliche.
Franz von Assisi

Zeitdieb Nr. 2: »Aufschieberitis«

Heute – endlich – wollen Sie die ungeliebte Steuererklärung angehen. Eine wichtige, unangenehme, seit langem verschobene Aufgabe. Auf dem Weg zu Ihrem Schreibtisch werfen Sie »geschwind« einen Blick in Ihren Briefkasten und rufen Ihre E-Mails ab. Zwei davon beantworten Sie gleich. Sie holen »geschwind« noch etwas aus der Kühltruhe und werfen eine Ladung Wäsche in die Maschine. Sie vereinbaren »geschwind« noch einen Termin beim Arzt, bleiben bei einem Telefongespräch hängen, bürsten den Hund – und schon ist der halbe Tag dahin. Ihr Unterbewusstsein hat Ihnen einen Streich gespielt! Mit Erfolg hat es Sie von Ihrem ursprünglichen Vorhaben abgehalten. Verständlich, aber schade! Denn es sind ja zumeist die unangenehmen, schwierigen Aufgaben, die uns, wenn sie erledigt sind, mit einem beglückenden Erfolgserlebnis belohnen.

Indem man, was man zu tun hat, aufschiebt, läuft man Gefahr, es nie tun zu können.
Charles Baudelaire

Kreativität besteht zu 99 % aus Transpiration und nur zu 1 % aus Inspiration.
Thomas Edison

Tipps:

- Treffen Sie mit sich selbst die Vereinbarung, dass Sie erst nach einer Stunde Arbeit an der Steuererklärung sich gedanklich mit irgendetwas anderem überhaupt beschäftigen. Eine Stunde ist ein überschaubarer, menschenfreundlicher Zeitraum. Meistens sind Sie dann bereits so vertieft, dass die tausend Miniaufgaben ihre Anziehungskraft verloren haben.
- Beginnen Sie morgens mit der wichtigsten Aufgabe. Ganz egal, wie der Tag noch laufen wird: Das Wichtigste haben Sie dann bereits getan. Erst wenn diese eine Sache erledigt ist, kommt die nächste. Die meisten Leute beginnen den Tag mit den leichten oder angenehmen Aufgaben.
- Legen Sie eine Liste an mit allen Aufgaben, die Sie belasten und die Sie vor sich her schieben. Fragen Sie sich nun, ob es hierbei Tätigkeiten gibt, die Sie niemals erledigen werden. Streichen Sie diese. Manche können Sie vielleicht delegieren. Tun Sie das. Für die restlichen vereinbaren Sie mit sich selbst Termine, an denen Sie die Aufgaben ganz sicher erledigen werden. Schreiben Sie den Termin in Ihren Kalender. Scheuen Sie sich nicht, sich selbst eine Belohnung für die Bewältigung in Aussicht zu stellen.
- Warten Sie nicht auf die richtige Stimmung, sondern fangen Sie sofort an.

Im letzten Winter bedrückte mich ein Riesenberg nicht eingeklebter Fotos von drei Jahren. Alle paar Wochen wurde dieser Posten mit einem großen Seufzer von einer To-do-Liste auf die nächste übertragen. Endlich überwand ich meinen inneren Schweinehund, trug Termine in meinen Planer ein und klebte mit Unterstützung meiner Schwiegermutter und Tochter in neun Stunden die gesamten Fotos in die verschiedenen Alben. Als alles eingeklebt war, fühlte ich mich großartig.

Birgit

Zeitdieb Nr. 3: »Mädchen für alles«

Erledigen Sie oft Arbeiten, die andere auch tun könnten?

Sind Sie dafür bekannt, andere aus dem Sumpf vor dem sicheren Tod zu retten und keine Anfrage um Hilfe abzulehnen?

Sagen Sie bei einer Anfrage oft Ja, obwohl Sie bereits ahnen, dass es Ihnen zu viel wird?

Tipps:

- Üben Sie eines der wichtigsten Worte der deutschen Sprache immer wieder. Es lautet: NEIN. Nein ist das zeitsparendste Wort, das es gibt. Sagen Sie Nein zu den guten, aber nicht besten Möglichkeiten, Ja zu den wichtigen, aber nicht dringenden. Lassen Sie sich dabei nicht von Schuldgefühlen leiten. Schuldgefühle sind schlechte Ratgeber und haben oft nichts mit echter Schuld zu tun. Andere werden vielleicht enttäuscht sein, aber das ist nicht Ihr Problem. (Ein Literaturtipp dazu: Henry Cloud, Nein sagen ohne Schuldgefühle. Wie man sich gegen Übergriffe schützt, Editions Trobisch, Kehl am Rhein 2000.)

Das Ja zu einem großen Ziel verlangt viele Nein.

Zeitdieb Nr. 4: »I mach mei Zeig alloi!«

So spricht der Schwabe und so handelt oft die Hausfrau.

Sie entdecken am Morgen überall Spuren der Karawane, die gerade wohlgekleidet das Haus Richtung Arbeitsstelle und Schule verlassen hat? »Ich muss das schnell wegräumen. Wenn jetzt Besuch käme, wie sähe das denn aus?« Ist Ihnen dieser Gedanke bekannt?

Tipps:

- Lernen Sie, Arbeit zu delegieren. Das bringt Ihnen Entlastung und erweitert die Kompetenz der anderen.
- Bleiben Sie dran, die Karawane zu erziehen, und übernehmen Sie keine Aufgaben, die Sie delegiert haben! Sie haben einfach keine Zeit dafür. Aber planen Sie genügend Zeit ein, um delegierte Aufgaben immer wieder zu kontrollieren.
- Schließen Sie die Tür hinter sich und wenden Sie sich gelassen den Aufgaben zu, die Sie heute erledigen möchten.

Zeitdieb Nr. 5: Der Gummiband-Effekt

Hausarbeit ist unendlich dehnbar. Deshalb finden Sie kein Ende, wenn Sie nicht bewusst Grenzen setzen.

Tipps:

- Setzen Sie sich im Haushalt realistische Zeitlimits, und begrenzen Sie die Anzahl der Aufgaben, die Sie erledigen wollen.
- Und dann hören Sie auf. Sie haben Ihr Soll erfüllt!

Zeitdieb Nr. 6: Spontane Einfälle

Wenn Sie bisher Ihre Hausarbeit eher spontan erledigt haben (»Ich glaub, das könnt' ich jetzt grad' gut machen«), können Sie aufatmen: Sie haben ein großes Potential an Zeitersparnis zu entdecken! Einkaufen, waschen, kochen, putzen – alles kann in der Hälfte der Zeit erledigt werden, wenn Sie nicht täglich erledigen, was gerade anfällt oder auffällt, sondern wenn Sie mit Struktur und Planung an das Ganze herangehen!

Tipps:

- Gehen Sie nur noch einmal in der Woche einkaufen.
- Halten Sie einen Waschtag ein.
- Kochen Sie öfter mehrfache Portionen.
- Putzen Sie mit Zeitlimit und nach Plan.

Uhrzeit	Tätigkeit	Zeitdieb (Stress, Hektik, Zeitverlust durch ... ?)	Zeitverlust Auswertung
7.00	Kinder wecken, Frühstück,	Wäsche fehlt, Brot nicht aufgetaut	
7.15	Vesper richten		
7.30			
7.45			
8.00	Frühstücken, Bibellesen,	Abschweifung durch	20 Min.
8.15	Gebet	Zeitungslektüre	
8.30			
8.45	aufräumen, Betten machen	Telefon	15 Min.
9.00			
9.15	Haare waschen	Telefon	10 Min.
9.30	schminken, anziehen		
9.45	Gymnastik		
10.00			
10.15	Mit dem Hund ausgehen	Begegnung einer Bekannten, kann	20 Min.
10.30		mich schlecht loseisen	
10.45			
11.00	Einkaufen	Begegnung einer Bekannten	30 Min
11.15		Sucherei im Laden	15 Min
11.30		Ärger: 2 Zutaten vergessen,	20 Min.
11.45		zurück	
12.00			
12.15			
12.30			
12.45			
13.00	Vorräte einräumen	Rufe „kurz“ meine E-Mails ab,	30 Min.
13.15		beantworte spontan zwei davon	
13.30	Kochen	Bin spät dran, statt des geplanten	
13.45		Essens gibt es Tiefkühlpizzas, brennen	
14.00	Essen	leicht an, weil ich noch schnell Wäsche	
14.15		in die Maschine tue	
14.30	Küche sauber machen	Ich schone die Kids, müssen viel	15 Min.
14.45		lernen	
15.00	saugen, wischen		
15.15			
15.30	Bad putzen	spontaner Chauffeurdienst für die	45 Min.
15.45		Große, hat Bus verpasst, und für den	
16.00		Mittleren, hat mich nicht informiert,	
16.15		Autoschlüssel suchen	
16.30			
16.45			
17.00	Abendessen zubereiten, essen	Hausaufgabenhilfe für ein Kind, das	
17.15		erst jetzt damit herausrückt, dass es	
17.30		Hilfe braucht	
17.45			
18.00	Kinderorchester	Hektik, Noten suchen, zu spät kommen	
18.15			
18.30			
18.45			
19.00			
19.15			
19.30			
19.45	Kinder ins Bett bringen	Ungeduld, keine Nerven mehr, Küche	
20.00		noch nicht sauber, noch Wäsche im	
		Trockner, ich bin nicht fertig geworden	
	Müde und unzufrieden, als ich endlich Zeit für meinen Mann hätte		

Setzen Sie Prioritäten!

Paretos 80:20-Regel lässt sich auf viele Lebensbereiche anwenden, auch auf den Bereich Zeitplanung/Prioritäten. Die Erfahrung hat nämlich gezeigt, dass die wichtigen Aufgaben, die aber nicht dringend sind, zu den 20 % aller Aktivitäten gehören, die 80 % unseres Erfolgs ausmachen. Mit 20 % unserer Aufgaben können wir also 80 % unserer Ergebnisse erreichen!

Umgekehrt besteht die Gefahr, dass wir täglich viel Zeit mit nebensächlichen Aufgaben vertun, während die wichtigen oft zu kurz kommen.

Die folgende Geschichte ist eine schöne Illustration für dieses Prinzip:

Kiesel, Sand und die Frage nach den Prioritäten

Ein Philosophieprofessor steht vor seinen Studenten mit einem großen Glas und füllt es mit großen Steinen. »Ist das Glas voll?«, fragt er. Die Studenten nicken. Der Professor greift zu einer Schachtel mit kleineren Kieselsteinen, schüttet sie in das Glas und schüttelt es leicht, bis die Kieselsteine in den Zwischenräumen Platz gefunden haben. Erneut fragt er: »Ist das Glas voll?« Die Studenten lächeln und bejahen. Dann nimmt er einen Beutel mit Sand und schüttet ihn ins Glas. Die winzigen Sandkörner füllen die letzten Zwischenräume. Das Glas ist randvoll.

»Das Glas ist wie Ihr Leben«, erklärt der Professor. »Die großen Steine sind die wirklich wichtigen Dinge, z.B. Ihre Gesundheit, die Liebe zu Ihrem Partner und Ihren Kindern, die, selbst wenn alles andere wegfiele und nur sie übrig blieben, Ihr Leben erfüllen würden. Die Kieselsteine sind weniger wichtige Dinge, z.B. Ihre Wohnung; der Sand schließlich symbolisiert die kleinen Dinge, z.B. eine schöne Feier.« Und der Professor fährt fort: »Wenn Sie das Glas zuerst mit Sand füllen, bleibt kein Raum mehr für die Kiesel und die großen Steine. Und so ist das auch mit Ihrem Leben ...«

(Nicole Bußmann im Editorial von Managerseminare, Gerhard May Verlag, Bonn, Nov./Dez. 2001)

Worum geht es in dieser Geschichte? Geht es darum, dass Sie immer noch Zwischenräume finden sollen, sich noch mehr anstrengen sollen? Nein, auf keinen Fall. Dennoch tun das viele Menschen. Sie versuchen, in ihre Zeit immer noch mehr hineinzuzwängen. Dabei überfordern sie sich jedoch völlig, und ihr Leben gerät aus einer gesunden Balance.

Worum geht es dann?

Sie und ich müssen herausfinden, was die wirklich großen Steine in unserem Leben sind. Es geht darum, die richtigen Prioritäten zu setzen. Diese Prioritäten ergeben sich aus unserer Lebenszielplanung. Diese Steine müssen wir zuerst in unser »Lebensglas« legen, bevor es mit »Sand« schon halb voll ist. Denn wenn wir viel Zeit mit unwichtigen Dingen zubringen, haben wir nicht genügend Zeit für die wichtigsten Dinge des Lebens. Unser Leben bleibt oberflächlich oder hektisch.

Das kleine ABC

Um Aufgaben nach Prioritäten zu sortieren, hat sich im Management erfolgreich die ABC-Methode durchgesetzt. Sie eignet sich auch gut für das Sortieren von Aufgaben im Haushalt.

Ordnen Sie Ihre gesammelten Aufgaben täglich in einer Rangfolge:

A = Allerwichtigste Aufgaben, die nur Sie durchführen können und die absolut notwendig sind.

B = Bedingt wichtige Aufgaben, die erledigt werden sollten, die Sie teilweise aber auch delegieren können.

C = »Cleinkram«, also Routineaufgaben, die oft die meiste Arbeit mit der geringsten Effektivität ausmachen und delegierbar sind.

- Sortieren Sie Ihre Aufgaben in A, B und C, notfalls noch in A1, A2 usw.
- Nun gehen Sie vor allem die wichtigen A-Aufgaben und die bedeutenden B-Aufgaben an. Delegieren Sie möglichst viele C-Aufgaben. Mit der Zeit werden Sie immer besser lernen, Ihr Zeitpensum einzuschätzen. Sie werden feststellen, dass Sie täglich ungefähr 1 bis 2 A-Aufgaben und 2 bis 3 B-Aufgaben schaffen. Lassen Sie sich nicht durch die scheinbare Dringlichkeit mancher Aufgaben unter Zeitdruck bringen. C-Aufgaben, die Sie nicht delegieren konnten, dürfen Sie getrost verschieben oder streichen.

Einige Beispiele hierzu:

A-Aufgaben können sein: Ihren Sohn zum Eingriff beim Hautarzt begleiten, mit der Tochter das Outfit für ihre Party kaufen, finanzielle Dinge regeln, die Kleidung der Kinder aussortieren und ergänzen.

Prioritäten setzen heißt auswählen, was liegen bleiben soll.
Helmar Nahr

B-Aufgaben können sein: zum Elternabend gehen, die Tochter zum Klavierunterricht fahren, den Sohn in Englisch abhören, das Katzenklo putzen.

C-Aufgaben können sein: die Blätter der Palmen abwischen, den Nachtisch selbst herstellen, Kuchen backen, den Schlafzimmerschrank polieren.

- Prioritäten setzen heißt: über das Tagesgeschäft hinaus Akzente zu setzen, mittel- und langfristig Veränderungen zu bewirken, Lebensziele zu erreichen.
- Prioritäten setzen heißt einschränken. Konkret: Besitz einschränken, Beziehungen vereinfachen, Erwartungen senken, Aktivitäten zurückschrauben.
- Prioritäten setzen heißt: dem Wichtigen Vorrang vor dem Unwichtigen geben. Erst als Nächstes erfolgt die Ordnung nach Dringlichkeit.

Als ich einmal für mich aufschrieb, was ich eigentlich alles machen wollte neben meinen Pflichten, es in Stunden festhielt und anschließend die Stundenzahl addierte, kam zu meinem Entsetzen ein 28-Stunden-Tag heraus ...

Für mich war dieser Akt ein Schlüsselerlebnis – was ich alles tun wollte, konnte gar nicht klappen! Kein Wunder, dass ich Ruhe und Pufferzeiten vermisste und immer unter Spannung stand.

Ich musste lernen, Prioritäten zu setzen und Dinge zu streichen, die unrealistisch waren. Ich konnte nicht alles haben: maximale Leistung und viele Mußestunden. Ich musste mich entscheiden, was mir wirklich wichtig war und was ich mit meiner Zeit erreichen wollte.

Bianka

Berücksichtigen Sie Ihren natürlichen Lebensrhythmus

Jeder Mensch hat eine individuelle Leistungskurve.

Sind Sie ein Frühaufsteher oder ein Nachtschwärmer?

Wann erleben Sie das höchste Maß an Energie, Kreativität und Aufmerksamkeit?

- Legen Sie in diese Hoch-Phase das, was Ihnen am wichtigsten ist: Zeit, in der Sie schöpferisch tätig sind. Erledigen Sie jetzt unangenehme Dinge, die Sie lieber vor sich herschieben möchten (Lohnsteuerjahresausgleich, Einkleben der Fotos, Vorbereiten des Kindergottesdienstes, ein wichtiger Schriftwechsel), und jegliche Art von Planung: Urlaub, Speiseplan, Monatsplanung, Arztbesuch vorbereiten etc.
- Irgendwann geht die Phase der Kreativität zu Ende. Meist haben Sie dann noch viel Energie, aber wenig Kreativität. Erledigen Sie nun mit Schwung alles, was Kraft braucht: Haushalt, Telefonate, Hausaufgabenhilfe, Chauffeurdienste.
- Danach kommt das Nachmittagstief, Zeit für Routinearbeiten, falls Sie sie noch nicht alle delegiert haben, Spiel mit den Kindern, Ruhe.
- Und dann, nach einem angemessenen Arbeitspensum, wenn der Tank leer ist, machen Sie Stopp. Planen Sie Sport, Begegnung, Kulinarisches in Ihren Alltag ein, damit Ihre Seele nicht leer ausgeht. Tanken Sie auf. Gönnen Sie sich etwas von den Dingen, die Sie vielleicht schon einmal aufgezählt haben, als Sie gefragt wurden: Was würden Sie tun, wenn Sie nur noch ein Jahr zu leben hätten?

Gelassenheit ist eine anmutige Form des Selbstbewusstseins.
Marie von Ebner-Eschenbach

Wochenplanung

Lebenszielplanung → Jahresplanung → Wochenplanung

Die Wochenplanung ist nach der Jahresplanung die nächste sinnvolle Einheit, in der Sie Ihre Ziele und damit ja Ihren Lebenstraum Stück für Stück verwirklichen.

Das einzige Mittel, Zeit zu haben, ist, sich Zeit zu nehmen.
Bertha Eckstein

Investieren Sie am Sonntagabend einige Minuten, um sich auf die neue Woche einzustellen. Das mobilisiert die Kräfte, die nötig sind, wenn Sie eine unruhige Woche vor sich haben. Und schenkt Vorfreude, wenn Sie erkennen, dass eine schöne Woche auf Sie zukommt.

Sprechen Sie Ihre Termine auch mit Ihrem Partner und den Kindern ab. Das verhindert »Doppelbuchungen« und vermeidbaren Stress. Ein Wandkalender, in dem die Termine aller Familienmitglieder eingetragen werden, ist eine große Hilfe.

Bei der Wochenplanung sollten Sie alle Lebensbereiche im Blick haben (Ehe und Familie, Freunde, Beruf, Verein oder Gemeinde, Hobby, Haushalt, persönliche Entwicklung o.Ä.).

So sah neulich mein Wochenplan aus:

Freunde: Saunabesuch mit Christiane

Ehe: ab 18.00 Uhr gemeinsames Essen beim Italiener. Tisch reservieren!

Familie: mit Kristine nähen, mit Katharina Zimmer aufräumen

Gemeinde: Seelsorgekreis vorbereiten

Haushalt: Schuhschrank durchsehen und Schuhe aussortieren, Familien-Haushalts-Spaßeinsatz vorbereiten,

Beruf: ein Kapitel eines Buchprojekts beginnen, kommende Beratungen planen, zwei Stunden Fortbildung.

Für all diese Aufgaben setze ich einen Termin fest. Das sind meine wichtigen Aufgaben. Sie haben Priorität vor allem anderen. Indem ich diesen Aufgaben nachkomme, setze ich wieder einen kleinen Teil meiner Lebensplanung in die Realität um.

Zu diesem Wochenplan kommen natürlich noch diverse Routinetätigkeiten hinzu, wie dreimal joggen pro Woche, die Haushaltsarbeit, »Taxidienste« für die Kinder und so weiter.

Birgit

Achten Sie also besonders bei der Wochenplanung darauf, dass Ihr Leben in einer guten Balance bleibt. Kommen alle wichtigen Bereiche Ihres Lebens vor? Bleibt neben Beruf/Haushalt genug Zeit für Beziehung/Kinder/Freunde/Entspannung/Bewegung/Freizeit/Gemeinde?

Unzufriedenheit oder ein schlechtes Gewissen können entstehen, wenn wir über längere Zeit einen Bereich nicht berücksichtigen, egal ob das die Ehebeziehung, der Haushalt oder die Zeit zur geistlichen Erneuerung ist.

Monatsplanung

Zu Beginn des Monats übertragen Sie aus der Monatsübersicht Ihre Termine in den Tages- bzw. Wochenkalender (je nachdem, welche Art von Kalender Sie benutzen) immer mit Bleistift. Notieren Sie sich auch die Geburtstage aus dem Geburtstagskalender dazu – mit roter Farbe.

Tagesplanung

Der kleine Unterschied

Passive Menschen reagieren – aktive Menschen agieren.

Wie beginnen Sie Ihren Tag? Die erste Stunde des Tages kann das sein, was darüber entscheidet, ob Sie das Gefühl haben zu leben oder gelebt zu werden.

Sie können die Ereignisse einfach auf sich zukommen lassen. Und die Dinge werden sich tatsächlich auch ohne Ihr Zutun entwickeln! Wenn Sie das Ruder Ihres Lebens nicht übernehmen, werden es andere Menschen um Sie herum in die Hand nehmen.

Werden Sie aktiv! Bereiten Sie sich auf Ihren Tag vor. Nehmen Sie vorweg, was auf Sie zukommt. Bestimmen Sie selbst, wo Sie Einfluss auf Ihr Leben haben!

Die Erfahrung zeigt: Fünf Minuten Planung am Vorabend ersparen Ihnen peinliche Situationen, Mehrarbeit und eine Menge Chaos am nächsten Tag!

- Fragen Sie sich: Was ist die ideale Zeit wofür? Falls Sie keine Kleinkinder mehr haben: Machen Sie morgens, wenn Sie allein sind, vor allem Arbeiten, bei denen Kinder stören, wie Schreibtischarbeit, Einkaufen, Lesen, Berufliches.
- Planen Sie schriftlich! Das gibt Ihnen einen freien Kopf für die wirklich wichtigen Denkprozesse!
- Teilen Sie Ihren Tag in Phasen ein, halten Sie Rhythmen ein und verzetteln Sie sich nicht in zu viele Einzeltätigkeiten.
- Übertragen Sie abends aus der Monatsübersicht die Termine des folgenden Tages in die Uhrzeitenspalte des Tagesplanes. Durch diese kleine Doppelarbeit haben Sie in der Monatsübersicht den

Überblick über den laufenden Monat und die Woche, vermeiden »Doppelbuchungen« und sehen rechtzeitig, wann Sie Gefahr laufen, zu viel freie Zeit zu verplanen.

- Notieren Sie eventuell Unerledigtes vom heutigen Tag und neue Aufgaben für morgen. Achtung: Wenn sie ständig mehrere Aufgaben übertragen müssen, sind Ihre Anforderungen an sich selbst unrealistisch! Deshalb:
- Lernen Sie, Ihren Zeitbedarf einzuschätzen! Nehmen Sie sich nur so viele Aufgaben vor, wie Sie nach realistischer Einschätzung schaffen können. Es hat sich bewährt, täglich maximal sechs Aufgaben aufzulisten.
- Wenn Sie alles gesammelt haben, suchen Sie sich die Aufgabe aus, die Ihnen am allerwichtigsten erscheint, und erheben Sie sie zur obersten Priorität. Das werden Sie morgen als Erstes erledigen! Oft sind es Dinge, die man vor sich herschiebt, weil sie Kraft kosten oder unangenehm sind. Das Wichtigste zuerst zu erledigen gibt Ihnen Gelassenheit und verkürzt Ihre »lange Bank«. Die restlichen Aufgaben gehen Sie Stück für Stück an, ohne Hektik.

Es ist unmöglich, alles auf einmal zu tun, aber es ist durchaus möglich, etwas auf einmal zu tun.
Pearl S. Buck

- Stellen Sie sich den kommenden Tag so genau wie möglich vor! So kann Ihr Unterbewusstsein bereits an die Arbeit gehen und mögliche Lösungen suchen.
- Genießen Sie das Abhaken erledigter Tätigkeiten! Wenn Sie die Liste, die Sie morgens erstellt haben, abgearbeitet haben, hören Sie auf! Unterliegen Sie nicht der Versuchung, immer mehr Aufgaben, die Ihnen einfallen, dazu zu notieren. Sie haben festgelegt, was Sie heute leisten wollten, und haben es erreicht. Was will frau mehr?

Berge versetzen mit der To-do-Liste oder Mindmap-Methode

To-do-Liste

Manchmal fliegt Sie eine wirklich gute Idee an. Sie sind begeistert und wissen: Wenn Sie diese Idee verwirklichen, wird sich Entscheidendes zum Besseren ändern. Aber zwischen Idee und Umsetzung stehen Raum und Zeit, und bevor Sie zur Tat schreiten können, haben Sie die Idee vergessen. Das Geheimnis erfolgreicher Menschen besteht darin, dass sie ihre Ideen festhalten und verwirklichen.

Inspirationen sind wertvoll. Lassen Sie sie nicht verfliegen wie Wolken im Wind.

Sammeln Sie alle Tätigkeiten, die nicht zu einem bestimmten Zeitpunkt erledigt werden müssen, und alle Ideen, die Sie »anfliegen«, spontan und unsortiert in einer To-do-Liste.

Hier sind sie erst einmal sicher.

- Dinge, die im Haushalt zu reparieren sind; Aktivitäten, die Sie mit der Familie oder dem Partner unternehmen wollen; das Streichen der Gartenbank, die Namen von Bekannten, die Sie schon lange einladen möchten; die Einkommensteuererklärung; das Ausmisten des Kellerschrankes ...
- Wenn sich viele Aufgaben bündeln lassen, können Sie auch mehrere solcher Listen anlegen – die Reparaturliste, die Liste der Aktivitäten, die Sie in der Freizeit unternehmen möchten, die Liste für das Büro, eine für die Urlaubsplanung, eine für den Garten, eine für Unternehmungen mit den Kindern ...
- Sehen Sie diese Liste bei Ihrer Monatsplanung durch und entscheiden Sie, ob Sie etwas davon demnächst verwirklichen möchten.
- Wenn mehr auf die Liste kommt, als Sie erledigen können, haben Sie unrealistische Erwartungen und setzen sich selbst unter Druck. Auch Ihre To-do-Liste muss regelmäßig entrümpelt werden, selbst wenn es Ihnen zunächst schwer fällt. Es wird Sie erleichtern!

Mindmapping

Manchen Menschen ist das Anlegen langer To-do-Listen zu mühsam. Eine kreative Alternative dazu bietet »Mindmapping«, eine Arbeitstechnik, mit der sich anfallende Aufgaben übersichtlich gliedern lassen. Der entscheidende Unterschied zur Erstellung von Listen liegt darin, dass bei einer »mindmap« (wörtlich: »Gedankenkarte«) zusammengehörende Aufgabenbereiche auch zusammen dargestellt sind, am besten in denselben Farben. Bei Listen dagegen kann nur am Ende des Blattes etwas angefügt werden. Beim Mindmapping entsteht auf dem Papier buchstäblich ein Bild der Aufgabe, die vor uns liegt. In der Mitte steht z. B. der Vormittag, der effektiv genutzt werden soll, der Großeinkauf, der sinnvoll geplant werden will, oder das Familienfest, für das Familienmitglieder und Freunde ihre Mitarbeit zugesagt haben. Auf einem Blatt Papier entsteht nun, sozusagen aus der Vogelperspektive, in einem großen Überblick ein »Baum«, bei dem aus einem dicken »Stamm« (der Aufgabenstellung) nach und nach tragende »Äste« (die Hauptaufgabenbereiche) herauswachsen. Diese Äste können sich je nach Bedarf immer feiner verzweigen; es bleibt aber immer deutlich, zu welchem Hauptast ein kleiner Zweig gehört.

Literaturtipp: Mogens Kirckhoff, Mind Mapping. Einführung in eine kreative Arbeitsmethode, Gabal Verlag, Offenbach, 12. Auflage 1998

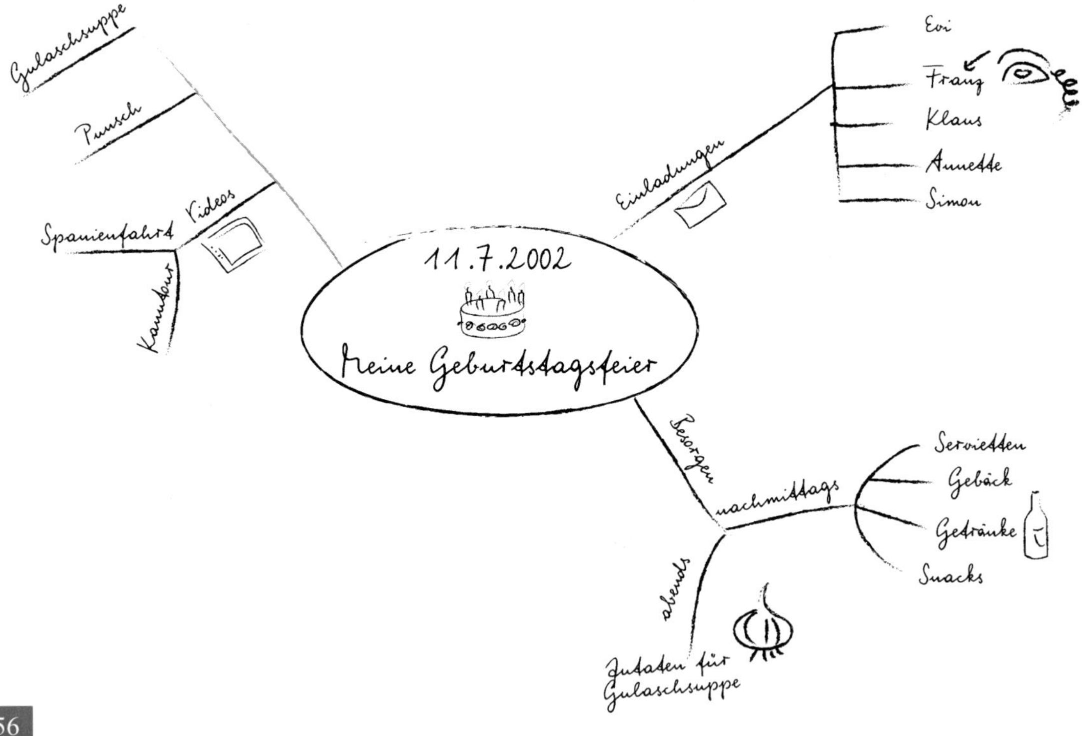

Erst vor kurzem habe ich Mindmapping kennen gelernt. Zuerst war ich skeptisch, denn ich konnte mir nicht vorstellen, welche Vorzüge dieses in meinen Augen bunte Durcheinander den klassischen To-do-Listen gegenüber haben sollte.

Dann habe ich es ein paar mal versucht – und plötzlich platzte der Knoten! Ich habe meine Monatsplanung mit verschiedenen Zweigen dargestellt, dann Werners Reparaturliste, danach die Einkaufsliste für all die tausend Sachen, die ich irgendwo besorgen muss. Es war genial. Mindmapping scheint eine andere Gehirnhälfte anzusprechen als meine Listen. Alles stand mir plötzlich klar vor Augen. Begeistert malte ich im Geschäft Mindmaps für all die geplanten Projekte, über die ich die Übersicht verloren hatte. Es war sehr hilfreich. Das Neue an dieser Art Planung, die über eine einfache Liste weit hinausgeht, ist, dass man Entwicklungen erkennt. Man sieht, wo etwas wächst, sich zu einem Schwerpunkt verdichtet, in welche Richtung sich etwas bewegt.

Bianka

Wenn Sie merken, dass detaillierte Tagespläne Sie eher beengen und belasten, dann legen Sie sie mit gutem Gewissen zur Seite.

Nun haben Sie viel über Pläne, Planung und Ziele gelesen. Sie persönlich müssen herausfinden, wie viel und welche Art der Planung Ihnen entspricht. Sie sollten nur so viel Planung bei sich einführen, wie *Sie* brauchen. Ihre Planung soll Ihnen helfen, Ihren Alltag so zu organisieren, dass Sie zufrieden und ausgewogen leben können.

Kapitel 4

Weniger ist mehr

Vom Segen des Wegwerfens

In diesem Kapitel erfahren Sie …

- → **warum Entrümpeln der erste und entscheidende Schritt auf dem Weg zu einem Survival-Haushalt ist**
- → **mit welchen Schritten Sie Ihren Haushalt von unnötigem Ballast befreien können**
- → **wie Sie Ordnung in Ihrem Kleiderschrank schaffen**
- → **wie Sie Ihre Fotoberge abbauen können**
- → **praktische Survival-Tipps**

Die Naturgesetze des Haushalts

In jedem Haushalt wirken zwei Naturgesetze:

- das Gesetz der Entropie, der automatischen Verwahrlosung, sobald man die energieaufwändig hergestellte Ordnung sich selbst überlässt;
- das Gesetz der Vertrödelung, das besagt, dass Trödel sich proportional zum Stauraum ansammelt.

KINDERZEICHNUNG

Du hattest ein viereck gemalt,
darüber ein dreieck,
darauf (an die seite) zwei striche mit rauch –
fertig war
DAS HAUS

Man glaubt gar nicht,
was man alles
nicht braucht

(Reiner Kunze)

(»Gespräch mit der Amsel«, © S. Fischer Verlag GmbH, Frankfurt am Main 1984)

Unser Missionars-Dasein hatte so manche Nachteile: In zwölf Jahren zogen wir mindestens elfmal um. Ich habe diese ständige Ein- und Auspackerei gehasst, aber sie zwang mich, regelmäßig zu entrümpeln und unseren Besitz auf das Wesentliche zu reduzieren.

Inzwischen leben wir schon vier Jahre in unserem Reihenhaus in Deutschland und ich bemerke zu meinem Entsetzen: Ohne Umzug scheint sich unser Hausstand explosionsartig zu vermehren!

Birgit

Denken Sie jetzt mit Schrecken an Ihren großen Hausstand?

Nehmen wir uns unsere Kleidung vor. Was ist der normale Gang der Dinge? Im Frühjahr und Herbst kaufen wir ein paar schicke, neue Kleidungsstücke, drücken die alten Klamotten im Schrank noch etwas zusammen – fertig!

Es ist nie Zeit, etwas wegzuräumen, aber immer, danach zu suchen.
Sandra Felton

Schauen Sie doch jetzt mal in Ihren Schrank und stellen sich die Frage: »Was habe ich davon eigentlich im letzten Jahr tatsächlich getragen?« Es könnte sein, dass dies nur ein Bruchteil dessen ist, was Sie in Ihrem Kleiderschrank vorfinden.

Unsere alte Garderobe ist jedoch nur einer von vielen Bereichen, von dem wir uns schwer trennen können. Gerümpel ist eine Realität in unserem Leben. Welche Bücher haben Sie, in die Sie nie wieder schauen werden? Welche alten Schrauben, defekten Föne, ausrangierten Bügeleisen, Kopfkissen und Bettdecken liegen in Ihren Schränken und belegen wertvollen Stauraum?

Zu einem Survival-Haushalt gehört unbedingt die Devise: »Weniger ist mehr.«

Warum? Wir erleben drei Vorteile:

1. Zeit sparen

- Ein entrümpeltes Zimmer ist schneller geputzt als ein mit tausend Kleinigkeiten voll gestopftes.
- Auch Gerümpel muss man immer mal wieder durchforsten, lagern, abstauben, man muss darüber klettern, sich Gedanken darum machen, ohne dass es wirklich etwas zu unserem Leben oder unserer persönlichen Entwicklung beiträgt. Was soll ein Haus voller nutzloser Objekte, die uns Zeit und Energie stehlen?
- Gerümpel verzögert viele Arbeitsabläufe und stiehlt täglich Zeit. (Sie brauchen sechs Sekunden, um einen Nagel in die Wand zu schlagen, aber vielleicht fünf Minuten, um Nagel und Hammer zu finden.) »Etwas herauszuholen« kann eine Sekundensache sein oder eine Zehnminutenangelegenheit mit vorgelagerter Riesenhemmschwelle.
- Die Lieblingsvase im Schrank neben fünf weiteren Vasen zu finden, ist sofort erledigt. Muss ich sie jedoch zwischen 38 Exemplaren suchen, bin ich länger beschäftigt. Genauso finde ich meine Kleidungsstücke ohne Probleme, wenn mein Kleider-

schrank gut sortiert und halb leer ist. Dasselbe gilt für Schuhe, Vorräte, Putzmittel und so weiter.

2. Befreiter leben

Unabhängig sein von Dingen bringt Leichtigkeit in den Alltag. Wer sich die Freiheit zum Verzicht nimmt, kann das Leben einfach gestalten, aus der Fülle heraus, und Befreiung erleben.

- In einem Zimmer, das zwar gemütlich, aber doch sparsam eingerichtet ist, fühlen sich die meisten Menschen wohler als in einem total voll gestellten Zimmer ohne einen freien Quadratmeter.
- Voll gestopfte Dachböden und viel Gerümpel im Keller können Ausdruck einer unentschlossenen Lebenshaltung und ungelöster Aufgaben sein. Die Vergangenheit mit all ihrem Ballast ist vielleicht noch nicht verarbeitet und losgelassen worden. Die Verbindung von innerer und äußerer Aufgeräumtheit lässt sich erleben!

3. Geld sparen

Der Durchschnittsbürger verbraucht im Schnitt etwa 30 % Wohnraum, um Utensilien aufzubewahren. Bedenken Sie, was das im Blick auf Heizkosten, Anschaffung von Regalen oder gar Vorratsräumen bedeutet! Es liegt auf der Hand, dass es im Zweifelsfall preiswerter ist, wegzuwerfen (und sich eventuell mal ein Teil nachzukaufen), als viele Quadratmeter Wohnraum für die Aufbewahrung zu verschwenden.

Die Problemzonen des Haushalts

Trödel

Ramsch, Plunder, Gerümpel, Strandgut, Unverkäufliches, Krimskrams, Wertloses – warum haben wir überhaupt Dinge, die wir nicht benutzen? Es gibt eine Reihe von Gründen:

- Sie sind kaputt.
- Sie funktionieren nicht mehr richtig.
- Sie sind veraltet.
- Sie sind unattraktiv.

Wir brauchen sie also nicht mehr – aber vielleicht haben sie einen gefühlsmäßigen Wert? Vielleicht verbinden wir etwas mit ihnen, fühlen eine sentimentale Verpflichtung?

Lernen Sie, die wahren Schätze von Trödel zu unterscheiden!

Wer kennt nicht die Träume von der Leichtigkeit des Vagabundenlebens? Alles hat seinen Preis. Der Preis, den Sie für Gerümpel bezahlen, ist Raum, Zeit, Geld und Energie. Gerümpel auszumisten ist einer der leichtesten Wege, sich aus dem Haushaltsgefängnis zu befreien.

Denken Sie nicht: »Ich könnte es im Speicher aufheben« oder: »Im Keller ist noch Platz.«

Das Geheimnis Nr. 1 im Umgang mit Trödel: Treffen Sie die Entscheidung, *jetzt* etwas wegzutun.

Survival-Entrümpelungs-Tipps:

- Machen Sie einen Termin mit sich selbst aus.
- Nehmen Sie sich strategisch nacheinander jeden Raum Ihres Hauses/Ihrer Wohnung vor, und misten Sie gnadenlos aus, was Sie nicht mehr brauchen.
- Gehen Sie immer nach demselben Schema vor: Räumen Sie Regale/Schubladen/Schränke zunächst völlig leer.
- Reinigen Sie diese Ordnungseinheit, und räumen Sie nur die Teile hinein, die Sie behalten möchten und die hier hingehören.
- Verzetteln Sie sich nicht. Machen Sie nicht an einem anderen Ort weiter, den Sie sich nicht für heute vorgenommen haben. Falls Sie also die Weihnachtsausstechformen in den Keller bringen und dort feststellen, dass manche Äpfel braun sind ... Stopp! Notieren Sie die Äpfel auf Ihrer To-do-Liste – diese Aufgabe können Sie auch delegieren – und kehren Sie diszipliniert an Ihre Arbeit zurück.
- Wenn Sie sich nur schwer von bestimmten Dingen trennen können, dann entmisten Sie auf Probe. Verstauen Sie diese Utensilien in eine Kiste, schreiben das Datum darauf und stellen sie in einen Abstellraum. Wenn Sie Dinge ein Jahr lang nicht vermisst haben, können Sie sie getrost weggeben.
- Nehmen Sie gut erhaltene Gegenstände (Vasen, Bücher, Dekorationsteile), die Sie nicht mehr brauchen, in einer Klappkiste in

Ihren Verein/Ihre Kirchengemeinde mit und schreiben auf einen Zettel: »Zum Mitnehmen«.

- Dinge, die immer wieder in der Gegend herumliegen, haben oft keinen festen Aufbewahrungsort. Überlegen Sie, wo Schlüssel, Zeitungen, Post, Taschen usw. aufbewahrt werden sollen.
- Bedenken Sie bei der Anschaffung von Einrichtungsgegenständen neben der Schönheit auch die Funktionalität in einem Survival-Haushalt.

Und wenn Sie sich schwer trennen von Gegenständen?

- Stellen Sie sich vor, wie Luft und Harmonie in Ihr Leben eintreten, wenn Sie sich nach angemessener Zeit von Gegenständen trennen, die Sie nach einem Hausbrand sowieso nicht vermissen würden.
- Wenn Sie unnütze Gegenstände entfernen, wird das Ihre Energie und Lebensfreude steigern.
- Haben Sie Mut zur Einfachheit, Mut zum Wegwerfen. Im Zeitalter des Materialismus ist die Gefahr immer, dass wir mehr besitzen, als wir brauchen, und damit unser Leben überfrachten.

Der Rausch des Entrümpelns

Als ich zum ersten Mal in Holland Urlaub machte, begeisterten mich die großen, gardinenlosen Fenster, die die relativ kleinen holländischen Häuser und Gärten bis in die letzten Winkel transparent machen. Genauso staunte ich über den aufgeräumten Eindruck, den diese Häuser in mir hinterließen – sehr gemütlich, trotz ihrer geringen Größe nie überladen, sondern übersichtlich und liebevoll dekoriert.

Da wusste ich: Weniger ist mehr. Das Abenteuer Entrümpelung begann.

Ich ließ keine Tabus gelten: Ich trennte mich von alter Bettwäsche, die ich nie benutzt hatte, aber aus der Aussteuer meiner Mutter geerbt hatte; von hundert leeren Einmachgläsern (die ich noch für »teure Zeiten« aufbewahrte, falls der Strom einmal rar würde) – die Erzieherin des Kindergartens freute sich sehr darüber;

ich warf Schulbücher weg, die ich aus Nostalgiegründen aufbewahrt, seit zwanzig Jahren aber nicht mehr angesehen hatte, und das Keimgerät, das ich seit zehn Jahren noch nie benutzt hatte.

Ich sagte mir: »Mein Herz hängt doch nicht an irdischen Gütern, oder?« Weg mit dem Service und der angeschlagenen Kaffeekanne, die ich nie benutze, weg mit den siebzehn Vasen, die sich im Lauf der Jahre auf Flohmärkten angesammelt haben, in denen aber nie Blumen stehen, weil ich meine fünf neusten so liebe; weg mit den Gläsern mit Sprung und all den Senfgläsern, mit den Tassen, die nicht mehr zusammenpassen, weil von jedem Service mehr als die Hälfte fehlt. Weg mit den alten Landkarten, mit dem Schulatlas, mit den alten Weihnachtskarten!

Ich habe nie mehr damit aufgehört. Am liebsten möchte ich nur noch mit leichtem Sturmgepäck durch das Leben gehen.

Das Wort »einschränken« hat eine positive Bedeutung bekommen: Ich lasse das Unnötige los, damit das Nötige mehr Bedeutung erlangt.

Bianka

Fotos

Viele Mütter reagieren mit einem tiefen Seufzer, wenn das Thema Fotoseinkleben angesprochen wird: »Ich habe noch einen Berg von fünf Jahren da liegen!« Auf Dauer unerledigte Arbeiten tragen wir wie einen Rucksack mit uns herum, er nimmt uns Freude und Lebenskraft. Deshalb entscheiden Sie jetzt und heute, wie Sie dieses Thema angehen werden.

- Wenn Sie die Fotos nach wie vor einkleben möchten, tragen Sie jetzt in Ihren Terminplaner die Tage ein, an denen Sie diese Aufgabe erledigen wollen. Haben Sie eigentlich keine Zeit dafür, machen Sie Abstriche bei der Perfektion des Einklebens und beziehen Sie Ihre Kinder ab etwa acht Jahren mit ein.
- Sortieren Sie großzügig aus und kleben Sie nur die wirklich gelungenen Fotos ein. Werfen Sie die schlechten Fotos weg und sammeln Sie die zweite Wahl in Briefumschlägen mit Jahresdatum und Namen versehen in einem Karton. Oft brauchen Kinder diese Fotos für Collagen oder Eintragungen in Freundesbücher.

- Wenn das Einkleben der Fotos für Sie ein zu großer Akt ist, stehen Sie dazu. Kaufen Sie sich entweder Fotoboxen, in die Sie die Fotos nach Jahrgängen geordnet hineinlegen, oder Fotoalben mit Fototaschen, in die Sie die Fotos gleich nach dem Entwickeln stecken. Und machen Sie sich bewusst: Auch wenn Sie Ihre Fotos nicht einkleben, sind Sie deshalb noch lange keine schlechte Mutter!
- Wenn Sie die Fotos nicht einkleben, versuchen Sie die Fotos von Ihren Kindern in einem Karton gut beieinander zu halten. Dann kann Ihr Kind, wenn es größer ist, sie selbst einkleben.
- Negative müssen Sie beschriften und einheften. Wenn Sie dafür keine Zeit haben, werfen Sie sie lieber direkt weg. Heutzutage kann man von den Fotos fast genauso gute Abzüge machen wie von den Negativen.

Ich kaufe mir für jedes Jahr einen schmalen DIN-A4-Ordner mit vier Lochungen (bei einer Vierfachlochung knicken die Folien nicht um).

Den Rücken beschrifte ich mit der Jahreszahl. Manchmal haben wir so viele Fotos, dass wir einen zweiten Ordner brauchen, dann kommt noch eine römische Zusatzziffer dahinter. Die Bilder klebe ich auf schwarzen Fotokarton (Schreibwarenladen, die Seite für ca. 0,10 €) und schiebe sie in dokumentenechte Klarsichthüllen. Das hat zwei Vorteile: Ich kann auch noch später hinzukommende Bilder dazwischenordnen; die Sache hält Kinderhänden stand. Unsere Kinder sehen die Familienalben oft an, sie sind ein Gebrauchsartikel. Die Negative stecke ich in einer weitere Klarsichthülle ans Ende des Ordners.

Sobald ein Film entwickelt ist, beginne ich mit dem Einkleben. Wenn ich es nicht sofort erledige, mache ich es nie. Ich nehme es so ernst wie die nächste Bügelwäsche, die auch einfach dran ist.

Bianka

Bücher

- Brechen Sie wieder ein Tabu: Bücher sind keine heiligen Gegenstände, die man nicht ungestraft wegwerfen darf.
- Wenn ein Buch zehn oder zwanzig Jahre unberührt im Regal gestanden hat, ist die Wahrscheinlichkeit gering, dass Sie es jemals

wieder lesen werden. Werfen Sie es weg. Die Simmel-Bände, die Sie für Ihre Mitarbeit in der Schülerbibliothek bekommen haben, die Lehrbücher vom Chemieunterricht, die Pflichtlektüren aus der Schulzeit, die Schneiderbücher aus Ihrer Kindheit – sehen Sie in ihnen, was sie sind: nostalgische Staubfänger, ein Versuch, Vergangenheit verfügbar zu machen, und trennen Sie sich voneinander.

- Bewahren Sie nur die Bücher auf, die Ihnen besonders wertvoll geworden sind oder die Sie noch brauchen, um darin etwas nachzulesen.
- Und dann: Leihen Sie Bücher möglichst in der Bibliothek aus, das schont Ihre Regale, Ihren Geldbeutel und Ihren Staublappen.

Zeitschriften

Werfen Sie Zeitschriften weg, die älter als drei Monate sind – wenn Sie sie bisher nicht gelesen haben, werden Sie es auch in Zukunft nicht schaffen.

- Lassen Sie sich von Zeitschriften nicht unter Druck setzen. Wenn Sie ein schlechtes Gewissen haben und zu wichtigen Dingen nicht mehr kommen, weil Sie die Lektüre Ihrer Zeitschriften endlich »erledigen« müssen, kündigen Sie einige Abos. Weniger ist mehr ...
- Werfen Sie alle gehorteten Zeitschriften weg, es sei denn, Sie haben ein System, mit dem Sie im Bedarfsfall einen bestimmten Artikel sofort wiederfinden.
- Sammeln Sie ab heute keine Zeitschriften mehr in Schubern. Wenn Sie einen Artikel wirklich so interessant finden, dass Sie ihn noch einmal lesen möchten, heften Sie ihn ab. Statt vieler Schuber, die ein Drittel eines Aktenschrankes blockieren können, haben Sie nun einen dünnen, praktischen Ordner.

Pflanzen

Überlegen Sie, was Sie an Pflegeaufwand leisten können und wollen. Trennen Sie sich von unansehnlichen Pflanzen. Palmen, Efeu und Kakteen sind Survival-Pflanzen. Sie sind robust und brauchen wenig Pflege.

Ich liebe Efeu, Zimmeraralien, Zimmerlinden, wilden Wein, Bambus, Papyrus und Farne. Aber kaum eine dieser Pflanzen überlebt bei mir länger als ein Jahr. Vor ihrem Ableben verbringen sie eine Phase der Unansehnlichkeit und Pflegebedürftigkeit. Jetzt habe ich umgestellt auf Palmen. Die werden immer schöner, man braucht nicht viele davon, damit das Zimmer zu einer grünen Oase wird, und es gibt viele verschiedene Sorten. Sie brauchen wenig Wasser und sind robust gegen Schädlinge.

Mein Wohnzimmer soll kein Sanatorium für kranke Pflanzen sein. Pflanzen, die ihre beste Zeit hinter sich haben, werfe ich weg. Da mein Mann kein Blumenschenker ist, gönne ich mir ab und zu einen prächtigen Efeu, an dem ich wieder für Monate meine Freude habe.

Bianka

Briefe und Karten

Genug ist besser als zu viel.

Schluss mit der Nostalgiekiste voller Post, die nie mehr gelesen wird. Auch hier ist Survival angesagt.

- Machen Sie sich ein paar schöne Abende, und sortieren Sie alle Briefe und Karten aus, die Ihnen nichts mehr bedeuten.
- Bewahren Sie nur Ihre Liebesbriefe und die wenigen Briefe/Karten, die Ihnen viel bedeuten.
- Werfen Sie in Zukunft beantwortete Post sofort weg, mit Ausnahme weniger Schätze, für die eine kleine Kiste oder Ordner reicht.

Bevor wir nach Deutschland zurückkehrten, sortierte ich wochenlang ein Sammelsurium aus Gemälden der Kinder, Postkarten, Briefen, Zettelchen und Andenken. Immer wieder musste ich entscheiden: Werfe ich es weg oder nehme ich es mit nach Deutschland?

Nach ein bis zwei Stunden »Ausmisten« war ich immer fix und fertig. Es kostet einfach emotionale Kraft, sich von Dingen zu trennen, mit denen man Erinnerungen verbindet. Aber so ist das Leben. Wenn wir nicht loslassen, schleppen wir uns mit zu viel Ballast weiter.

Wir haben für jedes Kind eine Erinnerungsbox, in der wir einige Gemälde, Zettel, Briefe und Schulaufsätze aufbewahren.

Birgit

Kleiderschränke

Kleiderschränke sind immer eine Nummer zu klein. Warum nur? Ganz einfach: Weil sie zu voll sind!

Dabei tragen wir fast immer die gleichen Sachen – es sind die, die uns beim Waschen immer wieder begegnen. Obwohl unser Schrank noch voller Kleidung ist, warten wir doch auf unsere Lieblingsstücke und seufzen, dass wir nichts anzuziehen haben ... Wer großzügig aussortiert, findet hinterher mehr anzuziehen als vorher!

Führen Sie am Ende jeder Saison eine »Razzia« durch:

- Nehmen Sie die Kleidungsstücke heraus, die Sie in dieser Saison nicht getragen habe. Sie werden sie mit großer Wahrscheinlichkeit auch in der nächsten Saison nicht tragen. Sie verstopfen Ihren Schrank und zerknittern Ihre Lieblingsstücke.
- Für jedes Kleidungsstück, das Sie in Ihren Schrank neu einräumen, entsorgen Sie ein altes Teil. Kleidung, die Sie ein Jahr lang nicht getragen haben, sortieren Sie aus, auch wenn sie eigentlich noch in Ordnung ist und viel zu schade scheint, um sie wegzuwerfen.
- Geben Sie gut erhaltene Kinderkleidung im Freundeskreis weiter, ansonsten an eine Kleiderkammer oder Sammlung.
- Ein Flohmarkt oder Kinderbazar ist auch eine gute Möglichkeit, um Dinge loszuwerden. Wägen Sie jedoch Ihren zeitlichen Aufwand gegen den finanziellen Gewinn gut ab.
- Wenn es zu schwer fällt (war teuer, könnte wieder passen, könnte einer Tochter irgendwann mal passen, ist zwar aus der Mode, war aber ein Lieblingsstück ...), bewahren Sie die Kleidungsstücke noch ein halbes Jahr im Keller auf. Wenn Sie sie dann nicht vermisst haben, geben Sie den Karton weg. Loslassen, befreien, vereinfachen!

Wenn Sie sich in Ihrem Kleiderschrank gar nicht mehr zurechtfinden, kann ein radikaler Neubeginn angesagt sein:

Das Prinzip der Viertelstange

- Öffnen Sie alle Schranktüren.
- Hängen Sie alle Kleidungsstücke, die Sie in den letzten zwei Monaten getragen haben, nach links auf die Stange und legen Sie alle Pullis, T-Shirts etc. in ein eigenes Schrankfach.
- Machen Sie dasselbe mit den Sachen der Jahreszeit, die gerade nicht aktuell ist – erinnern Sie sich, welche Kleidungsstücke Sie

sofort nach dem Waschen wieder getragen und welche Sie eine ganze Saison ignoriert haben.

- Dies sind Ihre »Lieblingsklamotten«, bei den meisten Menschen etwa ein Viertel ihrer gesamten Garderobe.
- Entfernen Sie alle Platzhalter – das sind Kleidungsstücke, die Sie ein Jahr und länger nicht mehr getragen haben.
- Wenden Sie sich nun Ihren besten Stücken zu: Finden Sie heraus, warum Sie sie so mögen. Schnitt, Größe, Farbe, Material – orientieren Sie sich daran, wenn Sie nun Ihre Garderobe systematisch aufbauen.

(in Anlehnung an Werner Tiki Küstenmacher, Lothar J. Seiwert, Simplify your life, Verlag für die Deutsche Wirtschaft)

Kinderzimmer

Machen Sie es jedem Familienmitglied so leicht wie möglich, daran mitzuwirken, dass im Haushalt mehr Ordnung herrscht.

- Verteilen Sie Papierkörbe in jedem Raum des Hauses, auch draußen, wo die Kinder spielen.
- Bieten Sie ausreichend Behälter für die verschiedenen Spielzeuge und Utensilien an. Wenn Dinge einen Platz haben, wo sie hingehören, ist die Wahrscheinlichkeit größer, dass sie dort landen, statt auf dem Sofa, dem Bett, dem Fußboden, der Treppe. Übersichtliche Kisten erleichtern es den Kindern, selbst aufräumen zu lernen.
- Räumen Sie immer mal wieder Spiele für einige Monate weg. Sie werden sehen, Ihr Kind kann sich mit weniger Spielzeug viel konzentrierter beschäftigen. Wenn Sie die verstauten Sachen wieder hervorholen, wird Ihr Kind mit neuer Begeisterung damit spielen.
- Helfen Sie Ihren Kindern ab und zu bei einer Großaufräumaktion. Werfen Sie großzügig weg. Legen Sie in eine Wäschekiste herumliegenden Krimskrams: die Überreste der Überraschungseier, zerbrochene Stifte, die Muscheln vom Sommerurlaub, alte Zeitschriften und so weiter. Sagen Sie Ihrem Kind, dass Sie die Sachen nicht wegwerfen, sondern nur die nächsten drei Monate woanders aufbewahren. Wenn es etwas vermisst, soll es sich bei Ihnen melden, und es erhält dieses Teil zurück. Auch Kinder fühlen sich in einem

Diese Welt ist ständig durch zwei Dinge bedroht: durch Ordnung und Unordnung.
Paul Valery

übersichtlichen, aufgeräumten Zimmer mit Freiraum zum Spielen wohler als in einem voll gestopften Raum.

- Nach drei Monaten entscheiden Sie, was endgültig weggeworfen oder an jüngere Kinder weitergegeben wird.

Meine Kinder hatten bei den ersten Entrümpelungsaktionen große Bedenken, fühlten sich aber danach in zunehmendem Maße erleichtert und bitten mich nun regelmäßig, ihnen beim Ausmisten zu helfen.

Birgit

Kinderzimmernothilfe

21.1.01
Lena schläft bei einer Freundin. Ich nutze die Gunst der Stunde, um in ihrem Zimmer einmal richtig durchzusaugen. Es erweist sich als unmögliches Unterfangen, und ich überlege voller Grauen, ob ich diesem Zustand der Verwahrlosung einfach wieder den Rücken zuwenden soll und Lena weiterhin die Verantwortung überlasse, oder ob ich mich mit Todesmut darüber hinwegsetzen soll, dass sie mit ihren zwölf Jahren schon fast erwachsen ist, und einfach mal aufräume, um dann saugen zu können. Das Kilo verstreuter Maiskörner hinter dem Sofa (von ihrem jüngsten Pflanzenversuch auf der Fensterbank) hindert mich beinahe noch einmal daran. Aber als ich vorsichtig das kleine Gästesofa vorrücke und hundert Daunenfedern im Glanz der Sonnenstrahlen durchs Zimmer schweben, die von einem aufgeschlitzten Kissen stammen, das einen verschimmelten Apfel verdeckte, fasse ich den Entschluss, meine Autorität und Arbeitskraft jetzt und hier zu investieren. Mit Entschlossenheit, Wut, Angst, Liebe und viel Hoffnung. Vier Stunden lang wühle ich mich zentimeterweise voran, fülle einen ganzen Wäschekorb mit alter Wäsche aus allen Winkeln, drei Mülleimer voll Abfall und zwei Sporttaschen voller Spielzeug von Jan. Ich fege fünf Kilo Meeressand von ihrer Schrankablage, der zwar mit den Muscheln verziert sehr dekorativ aussieht, aber durch die Ritzen auf die Wäsche rieselt, die darunter gestapelt ist.

Stundenlang entmotte ich das Zimmer, immer halb vom Ehrgeiz, halb vom schlechten Gewissen gepackt. Stunden später bin ich erledigt, aber hochzufrieden.

Das Zimmer sieht aus wie bei »Schöner Wohnen«. Hell, sauber, geräumig, ästhetisch. Lena ist sehr kreativ, ich sehe das an allen Ecken. Diese Gabe ist allerdings noch ein roher Diamant. Aber dadurch, dass ich das Überflüssige herausgeworfen habe, ist ihre Begabung jetzt sichtbar: Sie besitzt nur blaue Blumentöpfe, sammelt in jedem Urlaub maritime Dekoware und investiert ihr Taschengeld in Blau. Das wirkt jetzt klasse. Dennoch sehe ich Lenas Heimkommen mit gemischten Gefühlen entgegen. Wird sie erleichtert oder empört sein?

Sie ist fassungslos. Ruft immer wieder: »Oh danke, Bianka, warum hast du das freiwillig getan? Danke, danke, danke! Oh ich bin dir so dankbar! Jetzt habe ich wieder ein schönes Zimmer!«, und ich merke erst jetzt, wie überfordert sie mit ihrem oberflächlich aufgeräumten Chaos war, in dem nichts mehr funktioniert hat.

22.1.01
Lena lädt wieder Freunde zu sich ein!

Bianka

Weitere Survival-Aufräumtipps:

- Wenn Sie Altglas, Altpapier, Getränke, Marmeladengläser, Äpfel, Kartoffeln und Gefriergut im Keller lagern, deponieren Sie in der Küche einen großen Henkelkorb als Zwischenlager für alles, was in den Keller muss. Beim nächsten Gang in den Keller wird es mitgenommen.
- Sobald Sie etwas verleihen, notieren Sie auf einer Liste, was Sie wem verliehen haben. Sammeln Sie die Dinge, die Sie selbst geliehen haben oder anderen zurückgeben möchten, in einer Kiste/einem Korb in der Nähe der Haustür. Bevor Sie fortgehen, sichten Sie diesen Korb, ob Sie etwas mitnehmen können.
- Wohnzimmer: Wenn sich das Familienleben den ganzen Tag hauptsächlich in diesem Raum abspielt, sollte er abends für die Erwachsenen als Rückzugsmöglichkeit wohnlich gestaltet werden. Halten

Der Gedanke: »Vielleicht brauche ich das noch irgendwann einmal«, ist ein guter Anhaltspunkt dafür, dass Sie es wahrscheinlich nie wieder benutzen werden.
Norman Wright

Sie die Kinder dazu an, ihre Spiel- und Schulsachen wegzuräumen und ab jetzt nur noch in den Kinderzimmern zu spielen.

Jahrelang hatten wir im Winter Chaos in der Garderobe, wenn Schals, Halstücher, Handschuhe, Mützen, Stirnbänder und Regenhosen von fünf Personen dort wild durcheinander wirbelten und jeder das Chaos noch aufmischte, wenn er seine eigenen Sachen herauszufischen versuchte. Vor zwei Wochen nun habe ich im Baumarkt sechs Boxen gekauft, je zwei passen exakt in das Regal im Flur. Jedes Familienmitglied besitzt nun seine eigene Box für seine eigenen Winterutensilien, die sechste beherbergt Sonnenbrillen, Schirme, Schuhlöffel, Ersatzschlüssel, Papiertaschentücher. Ein Wunder ist geschehen – jeder fühlt sich verantwortlich für seine Box! Kein lautes Suchen mehr, Friede und Ordnung.

Bianka

Immer im Fluss! Die Survival-Aufräum-Methode

Folgen Sie beim Entmisten und Aufräumen dem Prinzip: Immer einen Schritt weiter!

Folgende Survival-Aufräum-Methode spart enorm viel Zeit:

Die Fähigkeit, einfacher zu leben, heißt, das Unnötige loszuwerden, damit das Nötige mehr Bedeutung erlangt.

- Das Kinderzimmer muss aufgeräumt werden. Sie haben eine Kiste dabei, in die Sie, wie oben beschrieben, alles hineintun. Nach drei Monaten geht es weiter: Sie sortieren und werfen großzügig weg.
- Oder: Sie sehen in der Küche drei gespülte Marmeladengläser. Sie packen sie in den Kellerkorb. Beim nächsten Gang in den Keller wird er mit runtergenommen.
- Oder: Sie kommen aus dem Badezimmer und sehen den vollen Wäschekorb. Sie nehmen ihn mit runter in den Flur. Wenn Sie das nächste Mal in den Keller gehen, nehmen Sie ihn mit und sortieren die Wäsche. Beim Hochgehen landet er erst einmal wieder im ersten Stock. Und so weiter.

- Sie räumen in der Küche Ihre Ablage leer. Was aus der Küche muss, landet auf dem Küchentisch. Wenn Sie Ihre Küche verlassen, nehmen Sie immer gleich etwas mit (oder Sie drücken es jemandem in die Hand, der nach oben geht).
- So entstehen Zwischenlager: auf dem Flurschrank für alles, was nach oben muss, neben der Haustür für Dinge, die nach draußen sollen, auf dem Telefontischchen für alles, was ins Wohnzimmer kommt. Wenn Sie hochgehen, legen Sie die Dinge vor die jeweiligen Räume. Und sobald Sie in diese Räume gehen, räumen Sie sie dorthin, wo sie hingehören. Sie laufen also nie mit leeren Händen durch die Wohnung.
- Sie gehen zur Arbeit. Vorher nutzen Sie noch die Zeit, um alles was Sie für das Mittagessen brauchen, schon mal auf die Arbeitsfläche zu stellen.
- Die Zeit nach dem Mittagessen und vor der Arbeit reicht gerade noch, um abzuspülen? Lassen Sie das Geschirr in einer guten Abtropfvorrichtung »lufttrocknen«. Abends ist es vielleicht nicht hochglanzpoliert, aber sauber und trocken, und Sie können es schnell einräumen.

Mit dieser Methode erledigen Sie Arbeiten in kleinen Schritten, wenn es gerade passt. Oft reicht die Zeit nicht für einen Arbeitsvorgang von A–Z, aber der Schritt von A nach B ist überschaubar und gerade machbar. So geschieht das tägliche Aufräumen eher nebenbei, einheitenweise.

Das Thema Entrümpeln geht eigentlich über den Bereich des Haushalts-Managements hinaus. Entrümpeln, loslassen, sich von Altem trennen, hat ganz viel mit Psychohygiene zu tun. Es ist fast, als würden wir beim Entrümpeln nicht nur unseren Kellerraum, sondern auch unsere Seele von Chaos und Ballast befreien. Manchmal fällt uns das zunächst sehr schwer und wir schieben es vor uns her. Aber erinnern Sie sich doch, wie wunderbar Sie sich nach der letzten Aufräumaktion gefühlt haben: beschwingt und befreit.

Kapitel 5

Einer für alle – alle für einen

Familienmithilfe

In diesem Kapitel erfahren Sie …

- ➔ **warum Sie nicht länger die Hausarbeit alleine erledigen sollten**
- ➔ **wie Sie Ihren Kindern Aufgaben im Haushalt übertragen können**
- ➔ **was ein Familien-Haushalts-Spaß-Einsatz ist**
- ➔ **wie Ihre Kinder durch Lohnarbeit im Haushalt ihr Taschengeld aufbessern können**
- ➔ **wovon Kinder profitieren, wenn Hotel Mama schließt**

Delegieren – darf man das?

Wenn wir unsere Hausarbeit in kurzer Zeit erledigen wollen, ist es unumgänglich, die ganze Familie mit einzubeziehen. Wie? Das kann ganz unterschiedlich aussehen.

Eine Vorüberlegung scheint uns jedoch entscheidend wichtig zu sein: Wie stehe ich als bisher alleinige Täterin der Hausarbeit dazu? Glaube ich in meinem Herzen, dass es legitim ist, einige Arbeiten an meine Kinder und meinen Ehemann abzugeben?

Vor einigen Wochen unterhielt ich mich mit einer Mutter von vier Teenagern. Bisher hatte sie die Hausarbeit mehr oder weniger allein erledigt. Nun hatte sie jedoch mit einem Fernstudium begonnen, das sie etwa 15 Stunden in der Woche beanspruchte. »Hotel Mama wird nach fast 20 Jahren geschlossen«, hatte sie zunächst lachend verkündet. Aber in unserem Gespräch sagte sie kleinlaut: »Irgendwie habe ich ständig ein schlechtes Gewissen, dass ich nun meine Familie mit in die Hausarbeit einspanne. Wehe, ein Kind beginnt zu motzen, wenn es die Wäsche falten oder mal putzen soll. Dann fühle ich mich wie eine Rabenmutter. Ich merke immer mehr, dass das Hauptproblem meiner Umstrukturierungsaktion gar nicht die Kinder oder mein Mann sind. Nein, das bin ich selber.«

In unserem Gespräch wurde jedoch deutlich, dass diese Mutter weder überhöhte Ansprüche an ihre Kinder stellte, noch sie mit Massen von Hausarbeit überforderte.

Im nächsten Familienrat konnte sie ihre Gefühle ganz offen aussprechen. Ihr Mann und alle Kinder fanden es ganz toll, dass sie dieses Studium aufgenommen hatte. Sie wollten sie eigentlich auch unterstützen, aber im Akutfall fanden sie es einfach so schwer, den inneren Schweinehund zu überwinden.

Birgit

Wo dein Interesse ist, da ist deine Energie.
Dale Carnegie

Die Kardinalfrage heißt also: »Halte ich es für legitim, dass ich meine Familie in den Haushalt einspanne? Gestehe ich mir diese Erleichterung zu?«

Wenn wir diese Frage für uns nicht geklärt haben, werden wir immer wieder an unseren eigenen Gewissensbissen scheitern.

Wie kann die Mithilfe der Familie konkret aussehen?

Wir möchten Ihnen verschiedene Möglichkeiten vorstellen:

Teamarbeit mit Lohnsystem

Jahrelang habe ich Modelle ausprobiert, mit denen ich meinen Haushalt möglichst rationell führe, dabei Aufgaben gerecht an meine Kinder weitergebe und sie motiviere, sich für den Haushalt mitverantwortlich zu fühlen. Alle Versuche, die Kinder zu regelmäßiger Mithilfe zu motivieren, schlugen fehl, weil ich nicht die Energie aufbrachte, dranzubleiben. Als ich die folgende Methode kennen lernte, wusste ich: Ich hab's! Das ist die Survival-Methode für Bleiers!

Die Art, wie wir es heute machen, hat sich als die flexibelste erwiesen und gut bewährt: Sie kombiniert eine Wiedervorlage von Tätigkeiten, die immer wiederkehren, mit einem System, Arbeit zu delegieren, und der Möglichkeit für die Kinder, ihr Taschengeld aufzubessern. Es ist ein Plan in Karteikartenform.

Unsere Kinder ziehen bei diesem System gut mit und empfinden die Mithilfe inzwischen als ganz normal.

Bianka

Warum denn noch einen Plan?

- Ein Plan, der Ihnen vorgibt, was zu tun ist, strukturiert Ihren Alltag und entspannt Ihren Kopf. Sie brauchen über alles, was mit Hausarbeit zu tun hat, nicht ständig neu nachzudenken: Wenn Sie wissen, dass freitags das Bad geputzt wird, können Sie sich donnerstags sagen: »Okay, das Bad ist schmutzig, aber morgen kommt es sowieso dran. Heute halte ich mich laut Plan daran, meine Betten zu beziehen, die Kinder zu erinnern, ihre auch zu beziehen, und den Kühlschrank zu putzen. Das reicht als Zusatzaufgabe neben dem, was sowieso jeden Tag dran ist. Und das Bad ist auch bald wieder sauber.«
- Sie hören auf damit, Aufgaben zu erledigen, sobald sie in Ihr Blickfeld geraten.
- Die Kinder wissen, woran sie sind: dass Haushalt alle angeht und dass ihre Freizeit erst beginnt, wenn ihre Kärtchen erledigt sind.
- Die Kinder erfahren, dass Taschengeld keine automatische Leistung ist, die selbstverständlich fließt.

Wochenplan

Montag	Dienstag	Mittwoch	Donnerstag	Freitag	Samstag
Wochen-planung Großeinkauf	Wäsche	Bügeln	frei	Böden saugen	Familien-einsatz
Einräumen Böden saugen	Pflanzen gießen	Flickwäsche (evtl.)			Reparaturen
Mittagessen Küchendienst	Mittagessen Küchendienst	Mittagessen Küchendienst	Mittagessen Küchendienst	Mittagessen Küchendienst	Mittagessen Küchendienst
Pause Hausaufgaben	Pause Hausaufgaben	Pause Hausaufgaben	Pause Hausaufgaben	Pause Hausaufgaben	frei
Bad, Toilette reinigen 1. Maschine Wäsche waschen	Wäsche	Putzen: Oberflächen, Böden		Sonderaufgaben (Fenster putzen, Betten beziehen, Kühlschrank auswischen	frei

Der Karteikasten

- Sie brauchen einen kleinen Karteikasten und passende Karteikarten.
- Schneiden Sie aus Tonkarton 28 Registerkarten, die einen Zentimeter über die Karteikarten überstehen, und schneiden Sie jeweils sieben Stufen hinein, wie bei einem alphabetischen Register.
- Notieren Sie auf diesem Rand die Wochentage (zwei Buchstaben genügen).
- Nun haben Sie immer sieben Tage vor sich, und das viermal hintereinander.
- Notieren Sie eine Zeitlang alle regelmäßig wiederkehrenden Aufgaben in Ihrem Haushalt auf einem Blatt.
- Schreiben Sie jede einzelne auf eine Karteikarte und vermerken Sie dahinter, in welchem zeitlichen Abstand sie gemacht werden soll, z.B.: saugen, alle drei Tage; abstauben, wöchentlich; düngen, wöchentlich; Zimmerpflanzen gießen, zweitägig; Fenster putzen unteres Stockwerk, alle vier Wochen; Fenster putzen oberes Stockwerk,

Hausarbeit ist Menschenarbeit und nicht Frauenarbeit.
Alice Schwarzer

alle acht Wochen; Schuhe putzen, wöchentlich; waschen, bügeln, flicken, backen, wischen, Bad putzen, Toilette putzen, Treppe wischen, Kühlschrank auswaschen, einkaufen, Altglas wegbringen ...

- Sie können auch viele kleine Teilaufgaben aufschreiben, die von Ihren kleineren Kindern ausgeführt werden können, z.B. die Stäbe des Treppengeländers abstauben, die Eingangstreppe wischen, die Decken auf dem Sofa zusammenlegen usw. Diese Aufgaben sind überschaubar und bieten dennoch Entlastung.
- Wenn Sie manche Leistungen bezahlen möchten, schreiben Sie hinter die aufwändigen Aufgaben den Lohn (z.B. Bad putzen oder einen Korb voller Bügelwäsche bügeln: 2,– €).
- Entwerfen Sie einen Wochenplan als Gerüst, und finden Sie heraus, welche wichtigen Arbeiten Sie zukünftig am besten an welchem Tag erledigen. (Bei uns wird zum Beispiel montags eingekauft, dienstags ist mein Hauptkochtag, an dem ich mehrfach koche, mittwochs wasche ich, donnerstags wird gebügelt und geflickt, freitags werden Bad und Fenster oder ein Zimmer gründlich geputzt, samstags putzen wir Schuhe und erledigen Sonderaufgaben wie Betten beziehen, Kühltruhe abtauen usw. Daran halte ich mich beim Einsortieren der Karten.
- Stellen Sie nun die Registerkarten in den Karteikasten. Der heutige Tag steht ganz vorne.
- Vor diese Registerkarte ordnen Sie nun alle Karten mit den Aufgaben, die täglich erledigt werden sollen.
- Die restlichen Aufgaben verteilen Sie auf die übrigen Tage, so, wie Sie sie erledigen wollen. Wollen Sie immer sonntags Ihre Pflanzen düngen, kommt die entsprechende Karte dorthin. Wollen Sie immer mittwochs die Wäsche waschen, kommt die Karte vor den nächsten Mittwoch. Planen Sie, die Betten in drei Wochen zu beziehen, kommt diese Karte drei Wochen weiter nach hinten, z.B. vor die Montagskarte. Sobald eine Aufgabe erledigt ist, sortieren Sie das Kärtchen weiter hinten wieder ein – tägliche Aufgaben vor den nächsten Tag, solche, die alle drei Tage gemacht werden sollen, drei Tage weiter hinten, die wöchentlichen eine Woche weiter.
- Am Abend steckt im Idealfall keine Karte mehr vor der heutigen Registerkarte.
- Diese Registerkarte wird nun ganz nach hinten gesteckt, so dass der nächste Tag mit seinen Karten sichtbar wird.

Solch einen Karteikasten zu benutzen hat viele Vorteile:

- Die Aufgaben lassen sich gut delegieren.
- Das System ist flexibel.
- Die anfallenden Aufgaben werden systematisch erledigt.
- Das System ist für die Kinder als faire Aufgabenverteilung einsichtig.

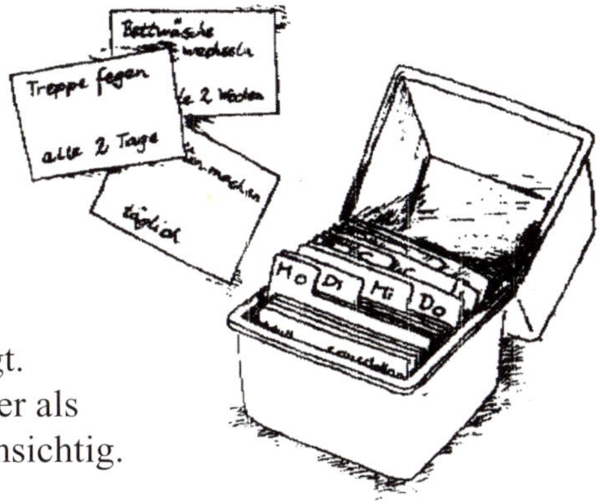

Die Sache klingt zunächst komplizierter, als sie ist. Ich muss nie Listen schreiben, sondern nur die Vorschläge der Kartei entgegennehmen, und wenn ich nach vier Wochen denke, die Spinnweben sind gar nicht dran, stecke ich das Ding noch mal vier Wochen weiter. Basta!

Jedes Kind muss bei uns täglich ungefähr eine halbe Stunde im Haushalt mithelfen. Wir unterscheiden dabei zwischen Pflicht und Kür: Zur Pflicht gehören Küchendienst, Getränke holen, Müll wegbringen, Holz reinschleppen, Ofen putzen. Die verteilen wir wochenweise zwischen den Kindern und notieren die Zuständigkeiten auf unserem Familienkalender, der in der Küche hängt. Ich erwarte, dass diese Aufgaben, die relativ schnell erledigt sind, selbständig ausgeführt werden, deshalb führe ich sie nicht in der Kartei auf.

Dann gibt es noch die Kür:

Unsere Kinder bekommen relativ wenig Taschengeld. Aber sie haben jederzeit die Möglichkeit, sich Geld im Haushalt dazuzuverdienen. Auf manchen Kärtchen steht deshalb ein Betrag hinter einer Aufgabe, das sind die bezahlten Dienste. Dazu zählt zum Beispiel Gehweg fegen, Gemüse ernten, Stall ausmisten, Bad putzen, Auto waschen, Kompost ausgraben, Kuchen backen, bügeln, Flickarbeiten, Laub rechen, Cottofliesen wachsen, Holzboden ölen, Möbel polieren, Fenster putzen u.a. Mittags verteilen wir die Aufgaben, die für den heutigen Tag anstehen, untereinander. Ich habe sie so auf die 28 Registerkarten verteilt, dass sie gut zu bewältigen sind.

Eine viertel bis halbe Stunde Hausarbeit am Nachmittag ist für die Kinder zumutbar und für Sie eine spürbare Erleichterung.

Je älter die Kinder werden und je besser sie ihre Aufgaben bewältigen, desto deutlicher wird die Entlastung. Ich erlebe inzwischen die wundervolle Tatsache, dass ich kaum noch bügele oder das Bad putze. Ich muss allerdings auch gestehen, dass es Disziplin braucht und ältere Kinder oft nachmittags keine Zeit haben. Dann lassen wir die Kartei Kartei sein, verschieben Kärtchen, ich übernehme die Aufgaben der Kinder, oder wir sammeln sie für einen Samstags-Großeinsatz.

Bianka

Familien-Haushalts-Spaß-Einsatz

Die Mithilfe aller Familienmitglieder kann auch ganz anders gestaltet werden:

Unsere drei Kinder sind zwischen 9 und 13 Jahre alt. Sie haben wochenweise Küchendienst (morgens und mittags: abdecken, Spülmaschine ausräumen und Küche aufräumen, abends: Tisch decken und abdecken) und sind für ihr Bad und ihre Zimmer weitgehend selber zuständig. Darüber hinaus haben wir alle 2 bis 3 Wochen unseren Familien-Haushalts-Spaß-Einsatz.

In alter Kleidung sitzen wir beispielsweise an einem Mittwochnachmittag, wenn die Praxis meines Mannes geschlossen hat, mit unseren drei Kindern um den Esstisch, essen Kekse und halten eine Lagebesprechung. Vor uns liegt eine Liste mit Arbeiten, die diesmal in Haus und Garten zu erledigen sind.

Während sich jeder ein paar Aufgaben heraussucht, werden die Gesichter der Kinder immer länger. Sie maulen und stöhnen. »Ich will aber mit Pascal spielen!« – »Schon wieder dieser doofe Haushaltseinsatz! Wie lange denn heute? Was? Drei Stunden, sooo lange!«

Aber wir sind gewappnet. Das kennen wir. Wolfgang und ich lassen uns nicht erweichen, und auf geht's. Schon bald ist jeder emsig in seine Arbeit vertieft und – die Laune steigt. Wolfgang und ich grinsen uns an. So ist das jedes Mal.

Papa putzt mit Katharina alle Schuhe, während sie über Schöpfung und Evolution diskutieren. Johannes schneidet im Rhythmus der Lobpreis-CD dreißig Paprikaschoten klein und singt dabei lauthals mit. Kristine und ich räumen den Vorratsraum auf, dessen Tür man kaum noch öffnen und den man ohne Gefahr nicht betreten kann. Anschließend koche ich die zerschnippelten Paprika in fünf Familienportionen Ratatouille. Eine Aufgabe nach der anderen wird erledigt und abgehakt.

Endlich sind die drei Stunden vorbei (die Kinder haben die Uhr immer im Blick) und der Nachmittag erreicht seinen Höhepunkt: Wir zeigen uns gegenseitig stolz die erledigten Werke und warten auf den krönenden Abschluss: auf eine Pizza vom Bringservice oder ein Eis. Das haben wir uns redlich verdient!

Mit unserem Familien-Haushaltseinsatz schlagen wir mehrere Fliegen mit einer Klappe:

- *Wir müssen die Kinder nicht ständig ermahnen: »Hast du schon den Rasen gemäht? – Nun räumt doch endlich mal den Schuhschrank auf!« Ständiges Meckern vermiest so schnell die Familienatmosphäre.*
- *Es ist eine Zeit des ungezwungenen Miteinanderredens. »Mama, was ich dich schon immer mal fragen wollte ...«*
- *Wir prägen das Rollenbild unserer Kinder: Auch Mann leistet trotz seiner Berufstätigkeit einen Beitrag im Haushalt.*
- *In dieser Zeit werden kleine Reparaturen ausgeführt, die sonst monatelang unerledigt bleiben, wie Haken andübeln oder defekte Stecker auswechseln.*
- *In 15 Arbeitsstunden (3 mal 5) kann unheimlich viel geschafft werden. Die gewonnene Zeit kann ich (neben dem Beruf) den Kindern statt dem Haushalt widmen.*

Birgit

Vorbereitung eines Familien-Haushalts-Spaß-Einsatzes

- Beginnen Sie direkt nach dem letzten FE (unsere Abkürzung) mit einer Liste, auf die Sie alle Aufgaben, die Ihnen im Lauf der Zeit begegnen, setzen.
- Sortieren Sie einen Tag vor dem geplanten FE die Aufgaben, schreiben Sie sie für alle gut lesbar auf eine Liste. Prüfen Sie, ob genügend Arbeiten dabei sind, die Kinder selbständig erledigen können, und ob neben »Schmutzarbeiten« (Kellertreppe fegen, Schuhschrank putzen) auch »Spaßarbeiten« (5 Tortenböden backen; mit Papa Dübelarbeiten erledigen) mit dabei sind.

Arbeitsteams

Eine befreundete Familie (vier Kinder zwischen 10 und 15 Jahren) fährt gut mit folgender Lösung:

Je zwei Kinder bilden ein Team und wechseln wochenweise die Arbeiten.

- »Team Tisch« deckt den Tisch, räumt ab, füllt die Spülmaschine, kehrt und putzt das Wohn- und Esszimmer.
- »Team Küche« räumt sauberes Geschirr aus der Spülmaschine und spült von Hand, putzt regelmäßig die Küche.

So macht jeder alles einmal, es entwickeln sich Routine und Teamgeist.

Drei Familien, drei Wege, sich die Hausarbeit zu teilen. Finden Sie für sich und Ihre Familie heraus, was davon für Sie hilfreich ist. Und vergessen Sie nicht: Die Pläne sollen Ihnen dienen, nicht Sie den Plänen!

Delegieren – warum?

Teamarbeit bereitet die Kinder auf ihr Leben als Erwachsene vor. In allen Regionen der Erde außerhalb der westlichen Welt ist es normal, dass schon kleine Kinder Aufgaben übernehmen. Sie lernen,

Verantwortung zu übernehmen, bekommen viel Aufmerksamkeit und sind stolz auf ihre Verpflichtungen.

Kinder und Jugendliche, die aufwachsen, ohne sich wirklich an der Hausarbeit beteiligen zu müssen, haben es vordergründig leicht, weil sie alles erledigt bekommen. In Wirklichkeit haben sie es schwer, weil sie spät erwachsen, d.h. selbständig werden.

Wer mit einem dieser »privilegierten« Leute verheiratet ist, weiß, was das heißt ...

Wenn Sie Hausarbeit delegieren, anstatt sie »geschwind« selber zu machen, erreichen Sie zwei Ziele auf einmal: Sie schaffen sich Entlastung und Sie bereiten die Kinder auf ihr Leben als Erwachsene vor.

Was lernen Kinder, die nicht im Hotel Mama aufwachsen?

- Das Prinzip von Ursache und Wirkung
- Teamarbeit: Alle müssen an einem Strang ziehen, wenn das Familienleben funktionieren soll
- Verantwortung innerhalb der Familie zu übernehmen
- Kompetenz auf allen Gebieten des täglichen Lebens: Kochen, Saubermachen, Waschen, Tierpflege, Umgang mit Geld und vieles mehr
- dass ihre Mutter nicht nur Hausfrau ist, sondern auch eigene Bedürfnisse hat
- dass sie einen wertvollen Beitrag zum Familienleben leisten können – das stärkt ihr Selbstwertgefühl

Willenskraft ist der Moment, sich an das zu erinnern, was man sich fest vorgenommen hat.

Coco Chanel

Delegieren – aber wie?

Natürlich werden Kinder nörgeln, wenn sie mitarbeiten sollen – schließlich ist es einen Versuch wert, so einfach die lästigen Pflichten loszuwerden! Wenn Sie ein Mithilfesystem in der Familie neu beginnen, rechnen Sie also am besten damit, dass Ihre Kinder nicht gerade begeistert sein werden. Bleiben Sie ruhig und sachlich, und bestehen Sie darauf, dass Tätigkeiten wie Spielen, Telefonieren, Freunde besuchen, Lesen, Fernsehen, Musik hören erst möglich sind, wenn die Kinder ihren Anteil an der Hausarbeit erledigt haben.

Mit freundlicher Konsequenz ist es möglich, neue Gewohnheiten einzuführen, die irgendwann (fast) nicht mehr in Frage gestellt werden.

- Erklären Sie verständlich, wie die Aufgaben erledigt werden sollen.
- Kontrollieren Sie freundlich, aber konsequent.
- Halten Sie durch! Am Anfang ist einiges an Engagement nötig. Klammern Sie sich an die Erkenntnis, dass sich der anfängliche Widerstand erfahrungsgemäß nach etwa sechs Wochen erheblich vermindert. Erliegen Sie nicht der Versuchung, kurz davor aufzugeben. Sie brauchen »nur« einen etwas längeren Atem als Ihre Kinder. Bleiben Sie konsequent dran. Motivieren, kontrollieren und loben sie. Ihre Kinder gewöhnen sich an die Umstellung und halten es bald für die natürlichste Sache der Welt, im Haushalt zu helfen (und das ist es ja auch tatsächlich!).

Der kleinste Erfolg beim 1000. Anlauf verleiht den 999 gescheiterten davor einen Sinn.
Hubert Feichtbauer

Als ich beobachtete, mit welchem Respekt meine Tochter den autoritär vorgebrachten Pferdeputzanleitungen ihrer Reitlehrerin lauschte und diese akribisch genau befolgte, hatte ich ein Aha-Erlebnis: Kinder brauchen klare Anweisungen zum Putzen!

Ich setzte mich an den PC und entwarf einen Putzplan, den ich von innen an die Tür des Badeschrankes hängte, in dem die Putzutensilien stehen:

Bad putzen

1. *Boden saugen*
2. *Wasser mit Universalreiniger in Eimer füllen*
3. *Spiegel putzen mit Schwamm, trocknen mit Leder*
4. *Mundusche putzen*
5. *Fensterbrett putzen*
6. *Waschbecken, Bidet, Wanne, Dusche, Toilette mit Schwamm putzen, mit Leder nachreiben*
7. *Toilettenreiniger mit Bürste verteilen und einwirken lassen*
8. *Handtücher auswechseln*
9. *Boden wischen*

10. Wasser in Küche ausleeren, Lumpen in Küche auswaschen, auf Leine hängen
11. Eimer wegräumen
12. Beutel des Mülleimers wechseln

Ich war begeistert vom Ergebnis!

Bianka

Delegieren – ab wann?

Wettbewerb wirkt ansteckend. Zusammenarbeit aber auch.
George S. Stevenson

- Nutzen Sie die Tatsache, dass schon Dreijährige ihrer Mama liebend gerne helfen und alles »alleine machen« wollen.
- Übertragen Sie im Vorschulalter Aufgaben wie Besteck aus der Spülmaschine räumen, Treppen putzen und Tisch decken.
- Gehen Sie wie oben beschrieben vor: Üben Sie den Arbeitsvorgang mit Ihrem Kind genau ein. Aber dann überlassen Sie ihm die Aufgabe auch wirklich. Bleiben Sie konsequent und bestehen Sie darauf, dass diese Aufgabe erledigt wird.
- Belohnen Sie kleine Kinder! Die Aussicht auf einen Griff in die Belohnungs-(Süßigkeiten-)Kiste kann die Motivation enorm fördern!

Das Verursacherprinzip

Weigern Sie sich, Familienmitgliedern hinterherzuräumen, die älter als drei Jahre sind.

Übernehmen Sie nicht zu lange die Verantwortung für andere. Ihre Kinder können früh lernen, dass sie dafür verantwortlich sind, Unordnung und Verschmutzung, die sie verursachen, selbst zu beseitigen.

Seien Sie geduldig. Und seien Sie ausdauernd.

Darf es etwas weniger sein?

Den Haushalt vereinfachen – für manche ist das eine ungewohnte Vorstellung.

Ich verstehe mich weniger als Raumpflegerin als als Beziehungspflegerin. Für mich braucht ein Haushalt funktionale Ordnung, keine absolute Ordnung, die einer Sisyphus-Arbeit gleicht.
Friedhilde Stricker

Darf man das? Dabei sind wir erwachsene Menschen und haben unser Leben selbst in der Hand. Keine Mutter, keine Schwiegermutter, keine Schwester und keine Schwägerin kann die Maßstäbe setzen, nach denen wir uns richten müssen. Das dürfen/müssen wir selbst tun. Sind Sie hier frei?

Wenn Sie berufstätig werden, kann womöglich nicht mehr der gleiche Standard gehalten werden wie bisher, da Ihr Tag immer noch genau 24 Stunden hat und Sie weniger Zeit haben, die Sie in die Hausarbeit investieren können.

Vielleicht werden die Abstände, in denen Sie Ihr Bad putzen, größer, aber vielleicht beschließen Sie auch, dass Ihre Kinder die Waschbecken zweimal in der Woche putzen müssen, oder Sie halten es für sinnvoll, die Hilfe einer fremden Person in Anspruch zu nehmen.

- Legen Sie als Familie oder als Ehepaar gemeinsam den Standard fest, den Sie sich mindestens wünschen. Das beugt unrealistischen Erwartungen vor.
- Fragen Sie ehrlich: Wer braucht welchen Grad der Sauberkeit, um sich wohl zu fühlen, und wer ist wie viele Stunden bereit, hier zu investieren?
- Schrauben Sie gegebenenfalls manche Ansprüche bewusst herunter.

Abschied vom Perfektionismus

Sich überflüssig machen, das ist der Ruhm aller Großen.
nach Friedrich Nietzsche

Perfektionismus seitens der Eltern bringt Kinder in eine miese Lage. Die Eltern signalisieren:

Streng dich mehr an! Ist doch alles ganz einfach! Mir wäre das nicht passiert! Du hast nicht genug getan! Im schlimmsten Fall entsteht daraus das gespannte Verhältnis zwischen Richter und Angeklagtem.

Haben Sie Mut zur Unvollkommenheit. Eine Lockerung der bisherigen Ordnung wird das System nicht gleich zum Zusammenbruch führen. Lassen Sie sich ruhig ein bisschen von der Lockerheit Ihrer Kinder anstecken. Diese Übung fördert so hervorragende Eigenschaften wie Humor und Geduld.

Seien Sie am Ergebnis interessiert und gestehen Sie Ihren Kindern eigene Lösungsmöglichkeiten zu. Bestehen Sie nicht darauf, dass alles so erledigt wird, wie Sie es schon immer getan haben. Lassen Sie sich helfen, und zwar so, wie andere es auf ihre Weise tun. Hauptsache, die Hemden sind am Ende glatt. Egal, ob nach dem Schema, wie Sie bügeln und zusammenfalten, oder ganz anders.

Ein Heim sollte sauber genug sein, um gesund drin leben zu können, aber schmutzig genug, um dabei noch glücklich zu sein.

Kapitel 6

Putzen – (k)eine unendliche Geschichte

In diesem Kapitel erfahren Sie …

- **wie Sie Schmutz erst gar nicht in Ihr Haus lassen**
- **wie Sie mit möglichst wenig Putzmitteln auskommen**
- **wie Ihnen moderne Reinigungsgeräte viel Arbeit abnehmen**
- **wie Sie Ihre Fenster mit minimalem Aufwand sauber bekommen**
- **weshalb Sie nur 3 ½ Minuten für ein sauberes Bad brauchen**

Eine gute und eine schlechte Nachricht

Zuerst die schlechte Nachricht: Putzen ist eine immer währende Aufgabe, ein Fass ohne Boden, eine Sisyphusarbeit, die das Potential zum ewigen Frustmittel hat. Der Akt des Putzens eignet sich nicht dazu, etwas Dauerhaftes zu schaffen, ihm haftet ein Hauch von Vergänglichkeit an. Und da das Ergebnis nur kurzfristig sichtbar ist, ist die Versuchung groß, jeden Tag von neuem den gewünschten Standard erkämpfen zu wollen.

Aber Vorsicht: Lassen Sie sich vom Schmutz nicht verplanen. Widmen Sie der Putzerei nur ein wohl überlegtes Zeitlimit, das Sie selbst bestimmen.

Seien Sie Ihre eigene Putzfrau – planen Sie einen Tag in der Woche dafür ein. Und wenn Sie schon vorher der Staub förmlich angrinst, grinsen Sie zurück und sagen: »Wir treffen uns am Donnerstag! Solange musst du dich noch gedulden.«

Versuchen Sie, die nötige Putzerei flott zu erledigen. Und dann entspannen Sie sich bei einer Tasse Tee und freuen sich daran, dass diese Arbeit wieder mal für eine Woche erledigt ist.

Wenn Sie berufstätig oder auf andere Weise sehr eingespannt sind, überlegen Sie, ob es nicht sinnvoll und bezahlbar ist, eine Putzhilfe einzustellen.

Oft stellt sich heraus, dass das, was wir für einen Fleck hielten, eine saubere Stelle war. Der Fleck war der Rest.
Wieslaw Brudzinski

Eine Bekannte mit fünf kleinen Kindern und ohne Oma oder Tante in der Nähe zum Helfen, kam mit ihrer Hausarbeit »total ins Rotieren«. Aber eine Putzfrau? »Wer bin ich denn?«, sagte sie immer. Als sie dann doch eine anstellte, kamen neue Freude und Entspannung in ihr Leben. Die Familie musste sich wegen der Putzfrau zwar an anderer Stelle einschränken, aber das war es ihr wert. Inzwischen sind die Kinder größer und meine Bekannte ist wieder geringfügig beschäftigt, was ihr unheimlichen Spaß macht. Ein Drittel ihres geringen Lohns geht an die Putzhilfe. Aber dafür genießt sie es, sich entspannter ihrer Familie zu widmen.

Birgit

Aber nun die gute Nachricht: Wenn Sie lernen, Schmutz bereits »prophylaktisch« zu bekämpfen, und zum Putzen professionelle Methoden anwenden, können Sie Ihre Putzarbeit auf ein Viertel des jetzigen Aufwandes verringern. Neugierig?

Wehret den Anfängen!
Wie Sie den Dreckfeind draußen halten

Fragen Sie sich nicht manchmal frustriert: »Was putze ich da eigentlich immer von den Böden und Möbeln? Wo kommt diese Masse von Staub und Dreck nur her?«

Hier ist die Antwort: Fast hundert Prozent des Schmutzes stammt von draußen. Und wie kommt er ins Haus? Achtzig Prozent davon werden von uns von draußen hineingetragen! Ein Fünfpersonenhaushalt schleppt im Jahr etwa zwei bis drei Kilogramm Schmutz an; das meiste davon mit Füßen und Kleidern.

Und genau hier setzt der erste Schritt der Schmutzprophylaxe an: Wehren Sie den Anfängen – lassen Sie den Schmutz gar nicht erst herein!

Schmutzfangmatten

Eine gute Schmutzfangmatte ist die einfachste, intelligenteste und billigste Schmutzschleuse, die Ihre Putzzeiten verringert, indem sie den Schmutz gar nicht erst ins Haus kommen lässt. Krankenhäuser, Hotels und manche Geschäfte wissen das längst und haben sie an ihren Eingängen liegen.

Das ist das Geniale an professionellen Schmutzfangmatten:

- Sie wirken durch ihre statische Beschaffenheit schmutzanziehend und können viel Feuchtigkeit aufnehmen.
- Sie halten Ihr Haus automatisch sauberer, sparen Zeit und Geld.
- Ihre Reinigung ist denkbar einfach: In der Regel genügt es sie abzusaugen, bei starker Verschmutzung können Sie die Matten in die Waschmaschine stecken, im Garten mit dem Schlauch abspritzen und aufhängen oder mit dem Hochdruckreiniger reinigen.

- Sie brauchen nur einen Gegenstand und ein paar Minuten, um den Schmutz aus dieser Matte zu entfernen. Aber Sie brauchen zehn Gegenstände und viele Stunden, um den Dreck aus Ihrem Heim zu bekommen!

Gute Schmutzfangmatten bestehen aus einem Gummirücken mit Beflockung.

Für draußen ist eine Matte mit rauer Oberfläche ideal. Sie nimmt den groben Dreck von Ihren Schuhen. Die Matte für innen hat eine feinere Oberfläche, sollte aber auch rutschfest und groß sein. Wie groß, das hängt davon ab, wie viel Platz Sie haben. Ideal wären 1,5 Meter, so dass die ersten vier Schritte im Innenbereich von der Matte abgefangen werden.

Investieren Sie in gute Qualität, der Unterschied ist mit bloßem Auge nicht sichtbar und hängt von der Beschaffenheit der verwendeten Mikrofaser ab. Schmutzfangmatten sind im Bürofachhandel oder bei Reinigungsunternehmen und in gut sortierten Baumärkten erhältlich.

Zugegeben: Diese großen Spezialmatten sehen nicht besonders schön aus, reduzieren aber den Schmutz, der in die Wohnung getragen wird, drastisch. Pro Jahr lassen sich dadurch bis zu 80 Stunden Putzarbeit einsparen. Mit einem Perser ist so eine Matte kaum zu verwechseln. Aber denken Sie an Ihre Werte: Kommt »Survival« vor »Schöner wohnen«?

Das größte Problem im Haushalt ist, dass 90 % der Hausarbeit von Männern und Kindern verursacht und 90 % von Frauen getan wird.
Don Aslett

Es hat mich schon Überwindung gekostet, meinen apricotfarbenen Webteppich auf meinen italienischen Cottofliesen gegen eine dunkelrote Schmutzmatte auszutauschen – aber nachdem ich mich dafür entschieden habe, freue ich mich über einen rutschfesten, unempfindlichen Bodenbelag, der leicht zu reinigen ist und mir viel Arbeit abnimmt.
Bianka

Mich haben die 80 % überzeugt. Immer wenn ich mir jetzt meine Schmutzmatten ansehe – eine vor der Tür (überdacht) und eine in der Diele –, dann freue ich mich darüber, dass mir dieses Teil so viel Putzerei abnimmt.
Birgit

Eine weitere Möglichkeit, Schmutz draußen zu lassen, besteht darin, vor der Haustür ein Schuhregal für verschmutzte Schuhe aufzustellen und dort auch eine grobe Bürste und einen Handfeger zu deponieren.

Wenn Sie Hunde oder Katzen haben, bürsten Sie diese regelmäßig. Beim Saugen können Sie auch noch schnell mit der Saugbürste über Sofa und Stuhlkissen fahren, wenn sich Ihre Haustiere gern dort niederlassen. Sie können Ihrem Hund auch einen Platz reservieren, über den Sie eine leicht waschbare Decke legen.

Reinigungsmittel: die Basisausstattung

Sie investieren regelmäßig viel Zeit in das Putzen, also lohnt es sich, Ihren »Putz-Arbeitsplatz« einmal unter dem Gesichtspunkt der Funktionalität unter die Lupe zu nehmen.

- Fragen Sie sich: Vor welcher Arbeit graut mir am meisten? Investieren Sie dort in das beste Werkzeug, das es auf dem Markt gibt. Keine wackligen Bügeleisen! Professionelle Fensterwischer! Ein Bodenputzgerät, das man im Stehen bedienen kann! Professionelles Werkzeug lohnt sich unbedingt!
- Wie aber können Sie professionelle Putzgeräte und Reinigungsmittel finden? Sehen Sie sich in den Gelben Seiten nach einem Reinigungsunternehmen um. Lassen Sie sich beraten und rüsten Sie Ihren Haushalt mit professionellen Reinigungsmitteln und -geräten aus.
- Benutzen Sie möglichst wenig verschiedene Putzmittel. Machen Sie kein hochgerüstetes Chemielabor aus Ihrem Haushalt. Das ist teuer, ungesund, unnötig und gefährlich für Kinder.
- Vermeiden Sie Sprays. (Sie bezahlen mehr für das Treibgas als für das Reinigungsmittel selbst.)
- Kaufen Sie Konzentrate in Kanistern. Sie sind 80 % billiger, Platz sparend, Abfall vermeidend und professionell reinigend.
- Besorgen Sie sich drei, vier wieder verwendbare Plastiksprühflaschen aus einem Gartencenter oder Baumarkt.
- Füllen Sie die verschiedenen Reiniger (nach Gebrauchsanleitung) mit Wasser verdünnt in die Sprühflaschen, beschriften Sie diese

mit einem wasserfesten Stift, und deponieren Sie sie dort, wo sie gebraucht werden.
- Mit diesen Sprühflaschen können Sie Oberflächen besprühen (Waschbecken, Armaturen, Böden, Möbel) und dann mit feuchten Mikrofasertüchern nachwischen.

Für 80 % Ihrer Putzarbeit genügen Ihnen folgende Dinge:

- ein Kanister Sanitärreiniger auf Säurebasis für den Nassbereich in Bad und WC
- ein Kanister Geschirr-/Neutralreiniger (für alle Oberflächen, Böden, Fenster, Spiegel)
- je eine Literflasche zum Nachfüllen
- eine Sprühflasche mit verdünnter Reinigungslösung

Entspannen und »arbeiten lassen«

Das Prinzip des Einweichens hilft nicht nur beim Waschen. Einweichen ist immer eine gute Vorbereitung zur Schmutzentfernung. Geben Sie der Lösung Zeit zu wirken: Sprayen Sie Armaturen, Becken und Boden Ihres Badezimmers mit einem Sanitärreiniger (bei hartem Wasser hin und wieder mit einem Säurereiniger) ein und legen Sie sich fünf Minuten aufs Sofa (oder falten Sie Ihre Trocknerwäsche). Anschließend lässt sich alles schneller und müheloser reinigen, und Sie holen die fünf Minuten problemlos wieder ein. Sprayen Sie die Lösung über den Fußboden und ziehen Sie ihn nach einigen Minuten mit einem feuchten Mopp nach. Lassen Sie Zeit, Wasser und ein Minimum an Chemie für sich arbeiten, statt mit einem Maximum an Muskelkraft und verkniffenem Gesichtsausdruck minutenlang zu scheuern.

Rasten Sie! Entspannen Sie sich. Machen Sie die Fünfminutenpause.

Auch wenn Sie die fettige Oberseite Ihrer Küchenschränke, einen verschmutzten Mülleimer oder den stark verschmutzten Herd bearbeiten wollen, tränken Sie den Schmutz mit der Reinigungslösung und lassen Sie diese erst einmal arbeiten, anstatt sofort wild loszuschrubben.

Reinigungsgeräte: die Basisausstattung

1. Mikrofasertücher

Die berühmtesten Reinigungswerkzeuge des Haushaltes sind einfache, kleine Gegenstände, bekannt als »Lumpen«. Also Überreste von alten Unterhemden, ausrangierten T-Shirts und andere Fetzen. Einen solchen Lumpen zu benutzen ist ungefähr so, als wollten Sie Ihre Haare mit einem Grasrechen kämmen: uneffektiv. Tun Sie es nicht!

Benutzen Sie Baumwolllumpen nur noch für absolute Drecksarbeiten, z. B. in der Werkstatt, und werfen Sie sie anschließend weg. Ansonsten benutzen Sie zum Reinigen von Oberflächen nur hochwertige Reinigungstücher aus Mikrofaser.

Mikrofasertücher gibt es in zwei Stärken, einer feinen und einer gröberen Qualität. Wie so oft macht sich der Preis beim Gebrauch und in der Lebensdauer bemerkbar. Hochwertige Tücher halten vielen Wäschen bei 95 Grad stand. Diese Tücher lassen sich überall gleich gut einsetzen: Im Bad und in der Toilette, in der Küche und zum Abstauben der Möbel. Es gibt sie in verschiedenen Farben, so dass Sie jedem Bereich eine Farbe zuordnen können. Deponieren Sie solche Tücher im Bad und wischen Sie bei Bedarf mit dem feinen Tuch über Spiegel, Armaturen oder Kacheln und mit dem gröberen über Badewanne und Waschbecken, und Sie haben jeden Tag ein sauberes Bad. Ein leicht angefeuchtetes Tuch eignet sich zum Staubwischen besser als der klassische trockene Staublappen. Der Staub fliegt nicht herum, und Flecken werden gleich mit entfernt.

Mikrofasertücher

- reinigen durch das physikalische Prinzip der Anziehung zwischen verschieden geladenen Teilchen sehr schnell und sehr sauber. Außerdem trocknen sie schnell.
- reinigen Oberflächen nur mit Wasser und sparen Kraft und Reinigungsmittel.
- Nur bei sehr hartnäckigem Schmutz sollten Sie noch etwas Putzmittel zufügen.

- In Gegenden mit hartem Wasser brauchen Sie zusätzlich einen Essigreiniger.
- Falten Sie die Tücher zweifach und Sie haben eine achtfache Oberfläche zum Reinigen. Legen Sie sich eine größere Anzahl dieser Tücher zu, also etwa zwanzig. Es gibt sie mittlerweile vergleichsweise günstig in gut sortierten Drogerien und Supermärkten. Sie haben eine lange Lebensdauer.
- Wenn sie schmutzig sind, werfen Sie sie in die Waschmaschine und anschließend in den Trockner.

2. Schwämme

- Sie brauchen einen guten Scheuerschwamm (nehmen Sie nicht die billigen, die fürs Geschirrspülen angeboten werden)
- und einen großen Schwamm zum Reinigen der Fenster.

3. Schaber

Mit einem Schaber können Sie nicht nur Schmutz vom Ceranfeld des Kochherdes entfernen, sondern ebenso mühelos Fliegenschmutz oder Farbflecken von Glasflächen.

4. Breitwischmopp

Atmen Sie auf! Schrubber und alte Baumwollputzlumpen sind megaout. Die Bodenpflege im dritten Jahrtausend hat eine Revolution hinter sich!

Kaufen Sie sich ein gutes Wischsystem mit Drehgelenk und Schlingenbezügen von 40 cm Breite. Lassen Sie sich von einem Fachmann beraten, z.B. in einem Reinigungsunternehmen. Es gibt große qualitative Unterschiede. Sparen Sie nicht am falschen Fleck. Je nach Bodenbelag nehmen Sie welche aus Baumwolle oder Mikrofaser. Wenn Sie große Flächen putzen müssen, lohnt sich die Anschaffung eines kleinen Putzwagens mit Presse.

Seit wir einen Hund und einen Kanonenofen haben, muss bei uns jeden Tag gesaugt und gewischt werden. Einmal in der Woche mache ich das gründlicher, aber bei Bedarf nehme ich an den übrigen Tagen meinen Schlingenbezug von der Wäscheleine, befeuchte ihn mit Wasser, spanne ihn in meinen Halter und putze in einem Schwung rückwärts raus. Ich muss dazu nur einmal den Lumpen nass machen! Draußen reinige ich den Bezug unter fließendem Wasser und hänge ihn wieder über die Leine. Das Ganze dauert höchstens zwei Minuten. Das hat mein Leben revolutioniert, zumindest was die Putzerei betrifft.

Bianka

Bei den Putzprofis geht der Trend dahin, immer weniger Wasser einzusetzen. So sieht die Alternative zur Nasswischmethode aus:

- Verdünnte Reinigungslösung mit dem Zerstäuber einer Sprühflasche (Baumarkt) auf den Boden sprühen,
- zwei Minuten einwirken lassen,
- mit Wischmopp aufnehmen, bis der Bezug verschmutzt ist, dann den nächsten Bezug nehmen. Anschließend kommen beide Bezüge in die Wäsche.

Die Vorteile liegen auf der Hand: Wenig Feuchtigkeit, wenig Chemie, kein schmutziges Putzwasser.

Auf Ihren Mopp können Sie statt eines feuchten Bezugs auch einen Staubfängerbezug montieren. Diese praktischen, großflächigen Staubmopps ersetzen heute den Besen, weil sie Staub nicht aufwirbeln, sondern binden. Fahren Sie damit täglich über Ihre Böden, so können Sie den gereinigten Zustand lange Zeit aufrechterhalten. Den Bezug können Sie nach Gebrauch ausschütteln, hin und wieder absaugen und bei Bedarf waschen.

5. Staubsauger

Lassen Sie sich im Elektrofachhandel beraten!

Achten Sie bei der Wahl Ihres Staubsaugers nicht nur auf gute Saugleistung, sondern auch auf eine gute Abluftfilterung, sonst haben Sie eine Dreckschleuder, die den gesaugten Staub wieder auf die Möbel rieseln lässt.

Als ich Birgit erzählte, dass ich immer noch keinen dieser teuren professionellen Staubsauger besäße, frage sie mich, warum ich es denn noch sauberer haben wollte. Ich meinte: »Na ja, porentiefer, wer weiß, was da alles drin ist!« Sie fragte: »Ja, saugt dein normaler Staubsauger denn nicht vernünftig? Oder hat bei euch einer eine Stauballergie?« Erst da wurde mir bewusst, dass wir seit zwanzig Jahren eigentlich gut zurechtkommen mit dieser Reinheitsstufe und dass ich im Begriff war, auf den »Reiner-als-rein«-Werbeslogan und den Mann an der Haustür hereinzufallen.

Bianka

6. Putzschrank

Eine sinnvolle Einrichtung ist ein Wandschrank für alle Putzutensilien an einem zentralen Ort (Küche oder Flur). Und da hinein so wenig wie möglich, so gut wie möglich, so sicher und schnell greifbar wie möglich: alles, was Sie zum Putzen benötigen.

Fenster putzen: die meistgefürchtete Aufgabe im Haushalt

Kennen Sie das? Nach Stunden mühsamen Fensterpolierens denken Sie: »Endlich! Geschafft!« – bis die Sonne hinter den Wolken hervorkommt oder ihren Einfallswinkel ändert. Plötzlich erscheinen – unbegreiflich, woher – Flecken und Streifen, und alle Mühe scheint umsonst. Energisch machen Sie sich erneut an diese Geduldsprobe, nur um zu erleben, dass Flecken und Schlieren nun an anderen Stellen auftauchen. Sie bewaffnen sich mit mehr Fensterreiniger, frischen Lumpen und wilder Entschlossenheit, aber es scheint nur noch schlimmer zu werden. Entmutigt geben Sie auf.

In der Fußgängerzone fällt Ihnen auf, wie blitzblank all die Scheiben sind, obwohl Sie nie jemanden sehen, der sie putzt. Der Grund, warum Sie so selten einen Fensterputzer zu Gesicht bekommen, ist schlicht der, dass professionelle Fensterputzer für riesige Glasflächen nicht Stunden, sondern Minuten brauchen.

Der Hauptgrund für Schlieren auf den Fensterscheiben ist die ölige, seifige Lösung, die Sie darauf schmieren oder sprühen! Schicht um Schicht wird auf das Glas aufgetragen, bis Sie eine Lage durchsichtiges, wachsiges Material hin- und herverteilen, sobald Sie versuchen, das Fenster zu reinigen. Nicht nur eine unmögliche Putzsituation, sondern auch ein gut haftender Untergrund für Staub und Insektenflecken. Eine Fensterscheibe ist eine erstklassige Oberfläche für Fettfilme, die beim Kochen entstehen, für Luftverschmutzung, Insektenflecken usw. Reine Glasflächen bieten Insekten keine Nahrung und widerstehen Flecken und selbst Fingerabdrücken viel besser als Glasflächen mit einer Schicht aus Wachs oder Seifenlösung.

Fassen Sie neuen Mut! Es war nicht Ihre Schuld. Selbst der beste Fensterreiniger könnte keine schlierenfreien Fensteroberflächen herstellen mit dem Material, das den meisten Menschen dazu verkauft wird. Vergessen Sie alte Hausfrauenmärchen wie: »Polieren Sie Ihre Fenster mit Brennspiritus und Zeitungen«, und lernen Sie die Grundtechniken professioneller Fensterputzer!

Die Abziehmethode

Die Abziehmethode ist drei- bis fünfmal schneller als die herkömmliche Methode. Und Sie brauchen nur noch einen Bruchteil der Menge an Reinigungsmitteln, und dennoch sind Ihre Fenster schlierenfrei sauber und rückstandfrei.

- Werfen Sie all Ihre alten Fensterputzutensilien und Fensterreinigungssprays in den Müll!
- Besorgen Sie sich in einem gut sortierten Baumarkt oder bei einem Reinigungsunternehmen (Gelbe Seiten) einen hochwertigen Abzieher mit einer Fläche von 35 cm. Nehmen Sie den mit der besten Qualität. Seine Gummilitzen sollen an jedem Ende ca. einen halben Zentimeter überstehen.
- Geben Sie in einen Eimer mit warmem Wasser ein paar Tropfen Geschirrspülmittel. Widerstehen Sie der Versuchung, zu viel Chemie zu benutzen – das verursacht Streifen und hinterlässt Rückstände.
- Hartnäckigen Fliegendreck oder Farbflecken entfernen Sie am besten mit einem Schaber.

- Wischen Sie das Fenster mit einem sauberen Schwamm, der für nichts anderes benutzt wird, oder mit einem Lammfelleinwascher nicht zu nass ab. Sie wollen das Fenster reinigen, nicht taufen!
- Wischen Sie das Wischblatt Ihres Abziehers mit einem feuchten Tuch oder Wildleder ab.
- Setzen Sie den Abzieher an der linken oberen Ecke Ihrer Fensterscheibe so an, dass nur ungefähr ein Zentimeter Ihres Wischerblattes leicht aufliegt. Nun ziehen Sie den Abzieher horizontal (quer) über die Scheibe, so dass Sie einen trockenen Streifen von einem Zentimeter Breite erzeugen. Dadurch vermeiden Sie herabrinnende Tropfen.
- Nun setzen Sie den Abzieher, den Sie zuvor getrocknet haben, horizontal auf den trockenen Streifen an der linken oberen Ecke an und ziehen ihn hinunter. Das wiederholen Sie immer wieder. Dabei überlappen sich jedes Mal einige Zentimeter auf dem trockenen, sauberen Teil der Scheibe. Dadurch vermeiden Sie Reststreifen. Wischen Sie das Wischblatt nach jedem Strich mit einem feuchten Tuch oder Leder nach.
- Entfernen Sie mit einem horizontalen Strich am unteren Fensterrand überschüssiges Wasser.
- Wenn Sie danach am Rand noch kleine feuchte Stellen oder Spuren entdecken, lassen Sie diese einfach trocknen. Sie werden spurlos verschwinden. Kleine Perlen auf der Mitte der Scheibe entfernen Sie makellos mit einem trockenen Finger (der durch das Benutzen der Reinigungslösung nun fettfrei ist).
- Haben Sie Geduld mit sich, bis Sie diese Methode einwandfrei beherrschen.

Die Alternative: Mikrofaser-Glasreinigungstücher

Kaufen Sie sich Spezialtücher für Glas aus Mikrofaser. Gute Qualität kostet ihren Preis, aber die ca. 10,- € pro Stück machen sich bezahlt.

Reinigen Sie das Fenster mit dem angefeuchteten/besprühten Tuch.

In der Regel genügt das einmalige Wischen des Fensters.

Bei stärkerer Verschmutzung können Sie die Scheiben vorab mit einem mit Reinigungsmittel befeuchteten Schwamm abwischen.

Ein sauberes Bad in 3 ½ Minuten – die Alternative zum Großputz

In Gegenden mit sehr hartem Leitungswasser endet der Kampf gegen Kalkspuren nie. Es ist viel aufwändiger, Kalk- und Urinstein einmal in der Woche anzugehen, als täglich die ersten Spuren zu beseitigen.

Halten Sie Ihr Bad dauerhaft sauber, indem Sie ihm einen täglichen Kurzbesuch abstatten statt einen wöchentlichen Putz-Schrubb-Feldzug zu halten.

Deponieren Sie im Bad eine Sprühdose mit verdünnter Sanitärreinigerlösung, ein Reinigungstuch und einen Schwamm mit zwei Oberflächen, dazu einen Handstaubsauger mit Akku.

Ihre tägliche Badezimmerroutine kann dann so aussehen:

- Entfernen Sie mit dem Handstaubsauger Haare und Flusen.
- Besprühen und reiben Sie den Spiegel sauber, wenn er fleckig ist.
- Danach sprühen Sie die Reinigungslösung auf Armaturen und benutzte Becken und reiben diese trocken.
- Zum Schluss kommt die Toilette dran: Sprühen Sie auf und in die Toilette die Reinigungslösung und bürsten Sie Ihre Toilette mit der Toilettenbürste. Danach von oben nach unten trockenreiben. Das verhindert Urinstein- und Geruchsbildung und Verfärbungen ohne den Einsatz schwerer Chemie oder parfümierter Zusätze. (Es ist vor allem die Außenseite der Toilette, die verunreinigt ist und zu riechen beginnt.)
- Machen Sie bei Bedarf einen Kniefall (1 Minute) – sprayen Sie den Boden und wischen Sie ihn mit dem benutzten Reinigungstuch. Das geht schneller und besser, als einen Eimer mit Wischwasser zu füllen und einen Mopp in einem Zehnquadratmeterraum herumzuwuchten.
- Danach werfen Sie das Tuch in die Wäsche.
- Benutzen Sie im Bad ein gebrauchtes Handtuch, das Sie immer an denselben Platz hängen, oder ein saugfähiges Mikrofasertuch zum Trockenreiben von Waschbecken und Dusche nach

Gebrauch. Das reduziert den Grad der Verschmutzung und Verkalkung erheblich.

Diese Methode verhindert, dass sich Zahnpasta-Spuren, Kalk- und Urinstein, Seifenreste und Shampooflecken aufbauen und verfestigen. Dadurch können Sie auf all die üblichen Spezialbadreiniger verzichten, die gebraucht werden, um hartnäckige Rückstände aufzulösen, weil sie nicht mehr einfach wegzuwischen sind.

Sie ersparen sich den lästigen Großputz und haben immer ein freundliches Badezimmer.

Kapitel 7

Großmutters Waschtag

Eine alte Erfindung, neu betrachtet

In diesem Kapitel erfahren Sie …

- **wie Sie in knapp 2 Stunden pro Woche die Wäsche Ihrer Familie erledigen können**
- **wie Ihnen dabei ein Trockner viel Arbeit abnimmt**
- **was Sie bei der Ausstattung einer Waschküche bedenken sollten**
- **wie Sie zeitaufwändige Bügelei vermeiden können**
- **und viele Survival-Wäsche-Tipps**

Wäsche kann ein täglicher Dauerbrenner sein, ohne Anfang und Ende. Kommt Ihnen das folgende Szenario bekannt vor?

Die Wäsche wird aus der Waschküche in den Garten getragen und dort in mühevoller Kleinarbeit an der Wäschespinne aufgehängt. Aber schon bald ziehen schwarze Wolken heran, die ersten Tropfen fallen. In Windeseile wird die Wäsche vom Ständer gezerrt und halbfeucht in den Korb gelegt, nur um ½ Stunde später erneut aufgehängt zu werden. Endlich trocken! Die Wäsche landet wieder im Wäschekorb und endet mit der Hoffnung im Wohnzimmer, dort gleich gefaltet zu werden. Aber es klingelt an der Haustür – unerwarteter Besuch. Im Eilverfahren wird der Korb in die Abstellkammer gestellt und dort erst einmal vergessen. Wenn die Wäsche nach ein paar Tagen wieder hervorgeholt wird, müssen bis auf Socken und Unterwäsche wirklich alle Teile gebügelt werden.

Wie sieht dagegen die Survival-Methode aus? Wie können Sie in 1½-2 Stunden pro Woche die gesamte Wäsche Ihrer Familie erledigen? Zur Erinnerung sei noch einmal gesagt: Hier stellen wir die ideale Survival-Methode vor. Sie müssen sehen, was davon Sie jetzt und heute realisieren können.

In einer idealen Waschküche haben Sie eine Waschmaschine, einen Trockner, ein Bügelbrett, Regale, in die Sie Waschkörbe stellen können, einen Wäscheständer, einen Tisch, auf dem Sie die Wäsche falten können, eine Stange, an die Sie Kleiderbügel hängen können und viele Kleiderbügel.

- Zum Sortieren und Transportieren der Wäsche brauchen Sie etwa 10 Wäschekörbe.
- Es wird nur einmal in der Woche gewaschen, legen Sie einen Wochentag fest.
- Sie sortieren die Wäsche in: 60° weiß, 60° bunt, 40° bunt/dunkel, 40° bunt/hell, evtl. 40° weiß, 30° fein oder Wollwäsche.
- Am Morgen von Tag 1 waschen Sie zunächst die Fein- und Wollwäsche, legen bzw. hängen sie auf den Wäscheständer, das ist meist ohne Anklammern möglich, oft mit Bügeln.
- Danach waschen Sie die unempfindlichere Wäsche und trocknen die gesamte Wäsche im Trockner.
- Stellen Sie den Trockner nur an, wenn Sie bei Beendigung des Trocknergangs zu Hause sind (Summer einstellen).

- Die trockenen T-Shirts, Sweatshirts und Hosen werden sofort zusammengelegt und in Körbe, die vor dem Trockner stehen, gelegt. Jedes Familienmitglied hat einen Korb.
- Gehen Sie so vor, bis alle Wäsche trocken ist. Meist ist das gegen Mittag von Tag 2.
- Nun falten und bügeln Sie die inzwischen trockene Feinwäsche und verteilen die Wäscheteile wie Socken und Unterwäsche, die sie nicht sofort gefaltet haben, in die einzelnen Körbe.
- Kinderunterwäsche brauchen Sie nicht zu falten. Linke Wäsche bleibt auf links, die Socken auch.
- Die Kinder holen sich ihren Wäschekorb an Tag 2 aus der Waschküche ab und sortieren alles in ihren Schrank. Das ist etwa ab dem Schulalter möglich. In ihrem Schrank haben sie zwei Drahtkörbe, einen für die Unterwäsche, einen für die Socken.

Der Wäschetrockner

Ein Trockner verbraucht u.U. viel Energie. Kaufen Sie sich deshalb ein gutes, Energie sparendes Modell. Ein Trockengang mit voll geladener Maschine kostet dann rund 0,50 €.

Durch den Trockner wird die Wäsche mehr beansprucht, als wenn Sie sie in herkömmlicher Weise aufhängen. Hier müssen Sie wieder auf Ihre Werte schauen: Wollen Sie vor allem Geld oder Zeit sparen?

Der Vorteil des Trockners liegt auf der Hand: Sie müssen die Wäsche nicht aufhängen, sparen den Weichspüler, da die Wäsche locker und weich ist, und vor allem: Die meisten Wäscheteile kommen glatt aus dem Trockner, und das erspart fast völlig das Bügeln – allerdings nur bei konsequentem sofortigen Falten der Wäscheteile nach Beendigung des Trocknergangs.

Trocknertipps:

- Entscheidend ist das Timing: Schalten Sie das akustische Signal ein und holen Sie die Wäsche unmittelbar nach Ende des Trockenvorgangs heraus. Wenn die trockene, warme Wäsche im Gerät aufeinander liegt, zerknittert sie unweigerlich. Legen Sie die

Wäsche sofort zusammen. Auch wenn sie ungefaltet im Wäschekorb liegt, knittert sie.

- Holen Sie Jeans und gute Sweatshirts bei »bügelfeucht« aus der Trommel, legen Sie sie dann auf den Wäscheständer und lassen sie zu Ende trocknen (kein Bügeln erforderlich). Den Rest der Wäsche lassen Sie bis »schranktrocken« weiterlaufen.
- Oberhemden trocknen Sie entweder bis »schranktrocken« und bügeln dann sofort kurz mit dem Dampfbügeleisen oder bis »bügeltrocken« und bügeln sie dann.
- Feinwäsche trocknen Sie gar nicht oder nur ganz kurz unter »pflegeleicht« und lassen sie auf dem Wäscheständer zu Ende trocknen.
- Geben Sie Wollsachen in der Regel nicht in den Trockner.
- Wenn Sie Baumwoll-Shirts sofort trocknerwarm falten, können Sie aufs Bügeln verzichten. Beim Tragen verschwinden die letzten kleinen Falten durch die Körperwärme.

Sonstige Tipps zum Thema Wäsche:

- Kaufen Sie die Sweatshirts, Hosen und Socken Ihrer Kinder stets eine Nummer größer. Auch trocknerbeständige Kleidungsstücke laufen etwas ein.
- Achten Sie bei der Wahl Ihrer Hemden, Shirts und Blusen auf Bügelleichtigkeit. Bei Elasthan-T-Shirts und Hosen spart man sich das Bügeln völlig. Sie werden nach der Feinwäsche auf den Ständer gehängt.
- Wenn Sie doch zwischendurch mal waschen müssen, weil Ihr Sohn mit all seinen Hosen im Schlamm gelandet ist, dann waschen und trocknen Sie diese eine Maschinenladung. Anschließend räumen Sie nur die benötigten Hosen weg. Der Rest der gewaschenen Wäsche bleibt bis zum nächsten Waschtag in der Waschküche.
- Kaufen Sie nur bügelfreie Bettwäsche. Bringen Sie Tischdecken und Bettwäsche, die gebügelt werden müssen, in eine Mangel.
- Waschen Sie weiße Wäscheteile nur mit anderen weißen Wäschestücken. Geben Sie ab und zu Fleckensalz zum Waschpulver. Eine strahlend weiße Wäsche wird es Ihnen danken!
- Folgende Waschmittel gehören zur Grundausstattung: ein Vollwaschmittel mit Bleichmittel (für die Weißwäsche), ein Voll-

waschmittel für bunte Textilien, Feinwaschmittel, Wollwaschmittel, Fleckensalz, flüssige Gallseife oder ein anderes Mittel zur Behandlung von Flecken vor der Wäsche.

- Benutzen Sie für das Waschmittel eine Dosierkugel und platzieren Sie sie mitten in der Wäsche – dadurch können Sie Waschmittel sparsamer dosieren.
- Wenn Sie in Gegenden mit hartem Wasser bei jedem Waschvorgang einen Enthärter benutzen, schonen Sie die Heizstäbe Ihrer Waschmaschine und können das Waschmittel wesentlich niedriger dosieren.
- Waschen Sie, wenn Sie außer Haus berufstätig sind, auf mehrere Tage verteilt. Achten Sie vor allem darauf, den Trockner nur anzustellen, wenn Sie bei Beendigung des Trocknergangs zu Hause sind und die Wäsche gleich falten können.

Ich habe direkt vor meinem Trockner einen Korb stehen, in den ich Socken, Unterhosen und alle nicht sofort zu faltenden Teile fallen lasse. Ansonsten umgeben mich 5 weitere Körbe (einer pro Familienmitglied). Dort hinein falte ich die noch trocknerwarmen T-Shirts, Sweat-Shirts und Hosen.

Birgit

Und wenn Sie keine separate Waschküche haben?

Während eines Heimataufenthaltes in Deutschland war das meine Situation. So verlegte ich einen Teil der Arbeit ins Kinderzimmer. Ich leerte den Wäschekorb mit trocknerwarmer Wäsche auf den Teppich, und mit der tatkräftigen Unterstützung meiner drei Kleinkinder faltete ich sie sofort in die Wäschekörbe. So sah es in unserer Wohnung zwar an 1 bis 2 Tagen pro Woche wie in einer Großwaschanlage aus, dafür war an 5 bis 6 Tagen keine Wäsche zu sehen.

Birgit

Selig, die eine Waschküche haben, denn sie werden viele Wege sparen!

Jahrelang habe ich täglich gewaschen. Irgendwie war ich ständig mit Wäsche beschäftigt, immer waren Stapel herumzutragen, und in einer Ecke wuchs stetig der Bügelberg.

Heute praktiziere ich erfolgreich die Waschtag-Methode: Mittwochs nehme ich mir im Haushalt außer Wäsche und der normalen Standardarbeit nichts vor. Ich schaffe acht Maschinen, das ist bei uns die Wäsche einer Woche. (Die erste starte ich am Dienstagabend.) Sobald eine fertig ist, ab in den Trockner und die nächste Portion in die Waschmaschine. Sobald der Trockner summt, heraus damit und direkt auf dem Trockner zusammenlegen – ich habe nur noch einen Bruchteil der Bügelwäsche. An diesem Tag bin ich in der Regel zu Hause und erledige auch einen Großteil der Putzarbeit während der Waschpausen. Dann habe ich eine Woche lang Ruhe vor Putzeimer, Waschmaschine und Bügeleisen.

Bianka

Kapitel 8

Der Wocheneinkauf

Einfacher einkaufen und gezielt einfrieren

In diesem Kapitel erfahren Sie …

- **wie Sie in 1 bis 2 Stunden pro Woche das Einkaufen erledigen können**
- **warum Sie auf einen Speiseplan nicht verzichten sollten**
- **wie Sie Ihren Einkaufsplan erstellen**
- **wie Sie Ihre Gefriertruhe sinnvoll nutzen**

Von Hamsterkäufen und Speiseplänen

Kochen und Einkaufen sind wichtige Arbeitsschwerpunkte im Haushalt und hängen eng zusammen. Hier kann man täglich viel Zeit investieren oder in größeren Zeitabständen *einmal* Zeit investieren – und dabei viel Zeit gewinnen.

Ich bin ein spontaner Mensch. Also kochte ich jahrelang spontan. Oft fehlte unvorhergesehen eine wichtige Zutat, weshalb ich meist täglich spontan einkaufen ging. Dann lief ich im Laden hin und her und überlegte, was zu Hause fehlen, was demnächst ausgehen und was ich heute kochen könnte. Wie umständlich das war, war mir lange nicht bewusst, weil ich dachte, das sei normal. Ich war auch nicht die einzige Frau, die auf diese Weise im Supermarkt hin- und herlief, und oft fragten wir uns gegenseitig, was wir denn heute kochen wollten. Nicht selten begann ich erst fünf vor zwölf über das Essen nachzudenken, wenn die ersten hungrigen Schulkinder nach Hause kamen.

Bianka

Was Sie mittags um fünf vor zwölf tun, hat viel damit zu tun, wie Sie Ihren Haushalt organisieren:

- Ist Ihr Tisch bereits gedeckt und die Speisen warten zubereitet auf dem Herd, wird es Zeit für die Nominierung zur goldenen Mohrrübe ... ☺
- Erkennen Sie dagegen häufig ganz plötzlich, dass es fünf vor zwölf ist, werfen einen hektischen Blick in die Kühltruhe oder den Speiseschrank, um herauszufinden, was Sie jetzt noch schnell kochen können, oder spurten zum Supermarkt, während schon die ersten Schulkinder mit akuten Symptomen von Unterzuckerung heimkehren, dann befinden Sie sich mitten in einem Alptraum.

Der gute alte Speiseplan war für mich der erste Schritt weg von diesem Kräfte und Zeit raubenden Kochstil. Heute setze ich mich sonntagabends hin und plane die Mahlzeiten der kommenden Woche.

Dass es sich lohnt, Zeit in eine gute Wochenplanung zu investieren, habe ich erst spät kapiert – genau genommen vor zwei Jahren. Bis dahin glaubte ich, Speise- und Einkaufspläne seien etwas für Profiköche. Dass ich damit so viel Zeit und Nerven sparen würde, hätte ich nicht gedacht.

Nachdem ich einmal meine innere Abneigung gegen Organisation und Planung entlarvt hatte, entwickelte ich eine regelrechte Begeisterung dafür.

Als ich begann, meine Arbeitsabläufe zu straffen, begann ich zuerst mit dem Thema Einkaufen. Nach wenigen Wochen war die Sache für mich Routine und begeistert stellte ich fest, wie viel Zeit ich plötzlich übrig hatte, die ich nun für etwas anderes nutzen konnte.

Ein kleiner Mehraufwand an geistiger Vorarbeit brachte ein Vielfaches an ersparter Zeit.

Heute kaufe ich nur noch einmal in der Woche ein. Danach habe ich sechs Tage lang Ruhe in meinem Kopf, Geldbeutel und Einkaufskorb.

Bianka

Wenn Sie unorganisiert einkaufen, verlieren Sie viel Zeit und Geld:

Sie verlieren Zeit im Geschäft durch das Hin- und Herlaufen beim Suchen. Sie verlieren Zeit, weil Sie Dinge vergessen und noch einmal losfahren müssen. Sie verschwenden Geld, weil Sie Artikel kaufen, die Sie gar nicht brauchen. Wenn Sie strukturiert vorgehen, können Sie die Zeit im Geschäft halbieren!

Survival-Tipps zum Zeit sparenden Einkaufen:

1. Verschaffen Sie sich einen Überblick über die Termine und Besonderheiten der kommenden Woche

- Welches »Event« erfordert Sondereinkäufe oder eine besondere Planung?
- Der Schulausflug, die Freundin der Tochter, die zum Essen kommt, die Einladung zum Essen, bei der Sie etwas mitbringen sollen, die

Gäste, die Sie erwarten, das Geburtstagsgeschenk, das besorgt werden muss, der Tag, an dem Sie nicht kochen müssen, weil Oma opulent ihren Geburtstag feiert – bedenken Sie all das bei Ihrem Wocheneinkauf.

2. Entwerfen Sie Ihren Speiseplan

- Werfen Sie zuerst einen Blick in die Liste der Kühltruhenvorräte, in den Speise- und in den Kühlschrank: Was ist bereits vorhanden und kann mit eingeplant werden?
- Planen Sie Mahlzeiten, die schnell zubereitet sind, oder Vorgekochtes aus der Truhe für die Tage, an denen Sie wenig Zeit zum Kochen haben.
- Sie können Ihre wöchentlichen Speisepläne aufbewahren und sie nach einem bestimmten Zeitraum wiederholen.
- Morgens sehen Sie in Ihren Speiseplan, wann Sie mit dem Kochen beginnen und ob Sie etwas auftauen müssen.

3. Benutzen Sie zum Einkaufen einen Stamm-Supermarkt

Durch Vergleichen sparen Sie möglicherweise Geld, aber Sie verlieren durch die Fahrerei viel Zeit. Wenn Sie sich in »Ihrem« Supermarkt auskennen, finden Sie die Artikel bald im Schlaf.

Eine typische Szene vor zwei Jahren bei uns:

»Es ist mittags, kurz vor eins. Gleich kommen die Kinder nach Hause. Und während es gerade zum ersten Mal klingelt, spüre ich, dass ich mich innerlich stark mache und dabei aufstöhne. Genau! Gleich wird die tägliche Frage erfolgen: ›Mama, was gibt's zu essen?‹«

Ich öffne die Tür, und beantworte die Frage mit scheinbar strahlender Begeisterung: »Gemüseauflauf«, worauf aber (wie schon befürchtet) ein Gejaule ertönt: »Das mag ich aber nicht!«

Aber: diese Zeiten sind vorbei! Es wird viel weniger gemeckert. Nein, es ist nicht die Folge eines harten Gebetskampfes, sondern nur eine kleine taktische Veränderung: In der Küche hängt nun eine Tafel mit dem Wochenspeiseplan.

Darin sehe ich entscheidende Vorteile:

- *Die Kinder können sich schon Tage vorher darauf einstellen, dass es beispielsweise am Donnerstag etwas gibt, das sie »absolut nicht mögen«.*
- *Sie sehen aber gleichzeitig, dass ihr Lieblingsessen für den Freitag eingeplant ist, und so lässt sich das Donnerstagsessen doch besser ertragen.*
- *Da sie ja schon wissen, was es mittags gibt, fällt die oben beschriebene ätzende Szene weg.*
- *Wenn Gemotze aufkommt, weil es schon soooo lange nicht mehr ein bestimmtes Essen gab, hilft schon die Möglichkeit, dies auf der Speisetafel unter »demnächst« zu vermerken. Das gibt es dann tatsächlich meistens in der nächsten oder übernächsten Woche.*
- *Ich brauche mir nur noch an einem Tag pro Woche für 5 Minuten den Kopf zu zerbrechen, was ich mal wieder auf den Tisch bringe. Den Rest der Woche halte ich mich an meinen Plan und habe den Kopf für andere Dinge frei.*
- *Klar, der Speiseplan ist kein Gesetz der Meder und Perser und kann auch mal umgeschmissen werden.*

Birgit

4. Schreiben Sie eine gut strukturierte Einkaufsliste

Mit einer durchdacht angelegten Liste orientieren Sie sich im Supermarkt schneller.

- Versehen Sie die Waren auf Ihrem Einkaufsplan mit Symbolen (z.B. ein Kreis für Obst und Gemüse, ein Quadrat für Kühlwaren, ein Dreieck für Putz- und Pflegemittel).
- Oder: Schreiben Sie Ihre Einkaufsliste in der Abfolge, wie die Waren im Laden präsentiert werden. Sie können ein Schema Ihres Stamm-Supermarktes aufzeichnen, dieses mehrfach fotokopieren und als Vorlage für Ihren Einkaufsplan verwenden. Sobald Ihnen etwas einfällt, notieren Sie es gleich an der richtigen Stelle!

- Zuletzt notieren Sie die Waren, die Sie in anderen Läden einkaufen müssen: Drogeriemarkt, Bäcker, Apotheke, Metzger usw.

5. Kaufen Sie nicht täglich ein

Machen Sie einmal pro Woche einen Großeinkauf und höchstens noch ein, zwei Einkäufe für Frischwaren, wobei Sie Letztere auch delegieren können.

6. Sortieren Sie

Sortieren Sie Ihre Einkäufe bereits an der Kasse, je nachdem, was in den Kühlschrank, in den Vorratsraum oder anderswohin muss. Spätestens jedoch beim Ausladen aus dem Einkaufswagen in Ihr Auto sollten Sie den Einkauf in verschiedene Kisten verstauen: eine Kiste für alles, was in den Kühlschrank kommt, eine Kiste für die Kühltruhe, eine für den Speiseschrank, eine für das Obst und Gemüse, das vielleicht erst einmal in den Keller kommt. Das verringert den Aufwand zu Hause enorm, und Sie können außerdem das Ausräumen der Einkäufe besser delegieren.

Die Vorteile dieser Planung:

- Sie entlasten Ihren Kopf für Wichtigeres.
- Sie können gerade beim Kochen und Einkaufen viel Zeit sparen: Ihre Einkaufszeit reduziert sich auf 1 bis 2 Stunden in der Woche.
- Sie entwickeln Gelassenheit beim Kochen und schenken sich die 5-vor-12-Hektik.
- Sie haben den Überblick über Ihre Vorräte in Speiseschrank und Kühltruhe.
- Sie erleiden keine Verluste mehr durch Verfalldatenüberschreitungen.
- Sie können abwechslungsreiche und ausgewogene Mahlzeiten anbieten.
- Sie haben eine überschaubare Vorratshaltung.

Einfrieren

Sie wissen genau, dass noch von dem köstlichen Hühnchenauflauf etwas Eingefrorenes übrig sein muss, aber Sie können es nicht finden? Irgendwo müsste noch Spargel sein, den Sie zum Mittagessen machen wollten, und Himbeeren für den Nachtisch?

Herrscht bei Ihnen auch das Chaos in den Untiefen des ewigen Eises? Haben Sie auch ein Bermudadreieck in Ihrer Kühltruhe?

Eine Kühltruhe, über die Sie nicht die Übersicht haben, ist nur die Hälfte wert. Die guten Sachen geraten immer tiefer in die Abgründe, in der Eile finden Sie nichts, und Sie können nicht mit dem planen, was Sie so mühevoll portioniert und eingefroren haben.

Gewinnen Sie die Kontrolle über Ihre Kühltruhe! Führen Sie eine Liste, und machen Sie es sich zur Routine:

- Raus aus der Truhe – abstreichen
- Rein in die Truhe – aufschreiben

Nun können Sie zuerst in Ihrer Liste suchen und dann gezielt in der Truhe.

Survival-Tipps für das Tiefkühlen

- Machen Sie Inventur: Räumen Sie Ihre Truhe leer und sortieren Sie den Inhalt. Gleiches, zusammen verstaut in stabile Plastiktüten, schafft Ordnung und schnellen Zugriff: Möhren zusammen, Bohnen extra, Hähnchenschenkel in eine dritte Tüte, Spargel und Rote Bete in eine vierte und fünfte usw.
- Legen Sie gleichzeitig eine Liste an und notieren Sie alles, was Sie vorfinden: Artikel und Menge.
- Aktualisieren Sie diese Liste von jetzt an.
- Frieren Sie systematisch ein. Wenn Sie etwas kochen, das sich einfrieren lässt, kochen Sie es mehrfach und portionieren Sie es für die Truhe.
- Führen Sie eine Extraspalte in Ihrer Liste mit den fertig zubereiteten Mahlzeiten.
- Tauen Sie Ihre Gefriertruhe im Winter ab, wenn es draußen friert. So bleibt das Gefriergut ohne Probleme gefroren und Sie können in aller Ruhe die Truhe enteisen.

- Kaufen Sie Brot und Milch für die ganze Woche ein und frieren Sie auch solche Dinge ein.

Und dies sind die Vorteile:

- Sie können mit Ihren gekühlten Vorräten planen.
- Es gibt keine gefrorenen Lebensmittel unbestimmten Alters mehr.
- Ein Blick auf die Liste, ein Griff in die Truhe, und Sie finden, was Sie suchen.

Seit ich eine Liste über den Inhalt meiner Truhe führe, suche ich nicht mehr voll falscher Hoffnung in einem Tütenmeer Speisen, die schon längst gegessen sind.

Birgit

Thema Schulbrote. Ich bereite manchmal Brötchen, Butterbrezeln und Schulbrote vor und friere sie portionsweise in Tüten ein. An Tagen, an denen morgens alles drunter und drüber geht, bin ich froh, dass ich diese Lunchpakete habe, die selbst morgens aus der Truhe genommen bis zur großen Pause aufgetaut sind.

Bianka

Nachdem ich von Nepal zurückgekommen war, bemerkte ich mit Erstaunen, dass ich auf Wochen im Vorrat kaufte. Irgendwann begriff ich auch, warum. In Nepal war das ein Muss gewesen, dort gab es wochenlang kein Fleisch, Butter oder Käse.

Aber hier in Deutschland ist doch zu jeder Zeit alles zu haben. Von daher ist es unnötig, die Tiefkühltruhe mit Riesenvorräten zu belegen.

Birgit

Kapitel 9

Die Küche erobern

Vom Irrgarten zum Arbeitsplatz

In diesem Kapitel erfahren Sie …

- **auf welche Aspekte Sie bei der Optimierung Ihrer Küche achten sollten**
- **wie Sie sich viele Kilometer Arbeitswege sparen können**
- **warum auch in der Küche regelmäßiges Entrümpeln angesagt ist**

Ihre Küche ist Ihre Werkstatt

Ihre Küche ist Ihr meistgenutzter Arbeitsplatz. In keinem anderen Raum Ihrer Wohnung werden Gegenstände so schnell umgesetzt wie in der Küche. Töpfe, Geschirr, Gläser und Besteck werden jeden Tag mehrmals herausgenommen, benutzt, gespült und aufgeräumt. In den unteren Bereichen der Schränke aber nimmt der Umsatz meist rapide ab. Unbenutztes Geschirr und Lebensmittel mit abgelaufenem Haltbarkeitsdatum blockieren den Arbeitsfluss.

Dabei ist Funktionalität der oberste Wert, nach dem sich die Küchenplanung ausrichtet. Eine optimale Küchenorganisation wird mit enormer Zeitersparnis und Effektivität belohnt.

Nehmen Sie Ihren Arbeitsplatz »Küche« anhand folgender Fragen einmal kritisch unter die Lupe:

- Geschehen die häufigsten Abläufe beim Kochen, Backen oder Frühstückvorbereiten ohne ständiges Hin- und Herlaufen?
- Können Sie in Ihrer Küche mühelos alle Lebensmittel und Geräte unterbringen?
- Hat in Ihrer Küche jedes Teil einen klar definierten Platz, wo Sie und der Rest der Familie es auch immer vorfinden?
- Sind in Ihrer Küche flüssige Arbeitsgänge möglich, oder gibt es häufig einen »Stau« durch schwer erreichbare Gegenstände, verstopfte Arbeitsflächen o.Ä.?

Sie verbringen in der Küche mehr Arbeitszeit als in irgendeinem anderen Raum Ihrer Wohnung. Die durchschnittliche Hausfrau hält sich dort insgesamt 15 Jahre auf.
Don Aslett

Wenn Sie auch nur eine Frage mit Nein beantworten müssen, lohnt es sich, Ihre Küchenorganisation zu verbessern.

Lesen Sie die Survival-Tipps und entscheiden Sie, an welcher Stelle Sie etwas ändern möchten.

Survival-Tipps zur Küchenorganisation

1. Entrümpeln

Trennen Sie sich von allem, was nicht funktioniert, lange nicht gebraucht wurde oder Ihnen nicht mehr gefällt. Nach solch einer Totalentrümpelung Ihrer Küchenschränke werden Sie sich wie befreit fühlen. Gehen Sie wie folgt vor:

- Räumen Sie einen Schrankteil nach dem anderen aus. Putzen Sie ihn und stellen Sie nur das zurück, was Sie in den letzten drei Monaten wirklich benutzt haben.
- Trennen Sie sich von der kuriosen Sammlung unterschiedlicher Tassen, Gläser und Teller und all den Plastikschüsseln ohne Deckel. Lassen Sie nicht zu, dass dieser alte Kram die beste Lage im Geschirrschrank verstopft.
- Seien Sie ehrlich zu sich selbst: Wie viele Ihrer siebzehn Kochbücher haben Sie in den letzten Monaten benutzt? Lagern Sie überflüssige Kochbücher aus der Küche aus oder trennen Sie sich ganz von ihnen.
- Räumen Sie Ihren Vorratsschrank radikal auf: Weg mit den Gewürzen von Weihnachten vor drei Jahren, angebrochenen Keksschachteln, den alten Trockenerbsen, den Dosen mit abgelaufenem Haltbarkeitsdatum. Werfen Sie weg, was Sie in den nächsten zwölf Wochen mit Sicherheit nicht brauchen werden.
- Plündern Sie eine Schublade nach der anderen. Weg mit dem angelaufenen Schöpflöffel, der veralteten Küchenmaschine, bei der drei Funktionen kaputt sind, den gusseisernen Töpfen, die eine Gefahr für die Glaskeramikplatte darstellen.

2. Umräumen

- Halten Sie sich immer wieder vor Augen: Viele Schritte im Alltag machen viele Kilometer im Jahresablauf.
- Gestalten Sie Ihre »stromlinienförmige« Küche! Das heißt: Kein Hindernis soll mehr den Arbeitsfluss blockieren. Entfernen Sie alles von der Arbeitsfläche, was nicht mehrmals wöchentlich zum Einsatz kommt. Parken Sie hier keine – auch noch so dekorativen – Gegenstände, die bei der Arbeit nur stören. (Wie der Name bereits zum Ausdruck bringt, handelt es sich ja um eine *Arbeitsplatte.*)
- Überlegen Sie, ob die Dinge, die Sie zu häufig wiederkehrenden Arbeiten wie Kaffeekochen, Frühstückmachen oder Salatsaucezubereiten brauchen, in räumlicher Nähe zueinander stehen.
- Stellen Sie (eventuell in Boxen) zusammen, was zusammengehört:

Schüsseln/Salatbesteck/Essig/Öl/Gewürze
Toaster/Marmelade/Nutella/Brotkorb/Brotmesser/Eierbecher/Eierkocher/Handrührgerät/Teigschaber/Kuchenschüsseln/Backbleche/Backpapier/Ausstechformen/Mehl/Backpulver/Vanillezucker/Nüsse/Mülltüten zum Mülleimer usw.

- Platzieren Sie die Besteckschublade so, dass derjenige, der den Tisch deckt, nicht denjenigen behindert, der kocht.
- Deponieren Sie Kochlöffel und ähnliche Utensilien nah beim Herd. Hängen Sie möglichst viel an die Wand: Spülbürste über die Spüle, Topflappen neben den Herd usw.
- Halten Sie neben dem Kühlschrank, dem Herd und auf der Spülmaschine unbedingt Ablagefläche frei. Diese drei Geräte bilden das Herz Ihrer Küche. Achten Sie darauf, dass sich dazwischen und darauf keine Hindernisse befinden.
- Die Hängeschränke, die sich darüber befinden, sind in »1a-Lage«. Bringen Sie hier das Geschirr und die Utensilien unter, die Sie am häufigsten benutzen.
- Hängen Sie Kochlöffel, Schöpflöffel, Schere, Schneebesen, Gurkenschäler usw. an eine Leiste über dem Herd.
- Deponieren Sie innerhalb der Hängeschränke alles, was Sie häufiger brauchen, nach unten und Dinge, die Sie seltener benutzen, nach oben.
- Der Unterschrank neben der Spülmaschine ist der richtige Platz für Geschirrreiniger, Klarspüler und Entkalkersalz.
- Benutzen Sie nicht den Backofen als Abstellfläche.
- Trennen Sie die Backsachen von den normalen Kochutensilien, da sie seltener gebraucht werden. Teigrolle und Kuchenformen sollten nicht die besten Plätze in den Schränken blockieren.
- Bewahren Sie in einem guten Behältersystem vom Baumarkt in einer Schublade all die Dinge auf, die oft keinen bestimmten Platz haben: Stifte, Notizpapier, Batterien, Münzgeld, Klebefilm, Taschenlampe, Geldbeutel, Quittungen, Papiertaschentücher, Handcreme.
- Betrachten Sie Ihren Geschirrschrank auch unter dem Aspekt der Kinderfreundlichkeit: Kommen die Kinder gut an alles heran, um selbständig den Tisch decken oder die Geschirrspülmaschine ausräumen zu können?

- Ihre Küchenmaschinc sollte an einer zentralen Stelle der Arbeitsfläche immer einsatzbereit sein!

3. Auslagern

- Richten Sie eine Art Küchenlager in einer Ecke Ihrer Wohnung ein. Bewahren Sie dort die Dinge auf, die Sie nur alle zwei Monate oder seltener benutzen: die Formen für das Weihnachtsgebäck, Tante Käthes Bowleservice, das Fondue, das Raclette, das Waffeleisen, das Partygeschirr, die Kuchenplatten mit den sperrigen Deckeln etc.

4. Verschönern

- Trennen Sie sich von Ihrem alten Kaffeegeschirr mit den Untertellern und der angeschlagenen Kanne, verabschieden Sie sich von Ihrer krausen Sammlung an Restgläsern und gönnen Sie sich eine gewagte Investition: zwölf nagelneue, einheitliche, schöne Gläser bringen mit vergleichsweise geringem Aufwand Stil in Ihren Schrank. Das gleiche Spiel mit den Tassen, und Sie werden sehen, welche Freude es plötzlich macht, die Schränke zu öffnen und den Tisch zu decken.
- Installieren Sie an Ihrem zentralen Arbeitsplatz einen CD-Player, das geht auch Platz sparend unter einem Hängeschrank, und bereichern Sie Ihren Arbeitsalltag mit Ihrer Lieblingsmusik.

5. Ausrüstung

Jeden Tag ringen Millionen Hausfrauen mit veralteten, nicht mehr völlig funktionsfähigen Haushaltsgeräten. Lernen Sie von den Männern, die längst wissen, dass gutes Arbeiten nur mit qualitativ hochwertigen Werkzeugen und guter Hardware möglich ist, und keine Scheu haben, sich dieses auch zuzulegen. Investieren Sie in professionelle, sinnvolle Haushaltsmaschinen und Reinigungsgeräte. Damit können Sie Hunderte von Stunden pro Jahr sparen! Verzetteln Sie sich nicht beim Kaufen von Hier-und-da-Neuheiten (die verstopfen nur wieder Ihre Küchenschränke), sondern konzentrieren Sie sich auf eine solide Grundausstattung mit Ergänzungen.

Ihr Werkzeug

Die Kleinen an der Basis

Kaffeetassen, Gläser und kleine Löffel werden durchschnittlich etwa fünfmal so oft benutzt wie andere Utensilien. Wenn Sie sich von diesen Gegenständen mindestens doppelt so viele anschaffen wie von den übrigen, gehen Ihnen Löffel und Gläser nicht ständig aus.

Küchenmaschine

In der Haushalts-Elektroabteilung begegnen Ihnen unzählige Maschinen, auf die Sie gut und gerne verzichten können. Eine praktische Küchenmaschine gehört jedoch unbedingt zu einem Survival-Haushalt.

Die Küchenmaschine sollte

- immer einsatzbereit auf der Arbeitsfläche stehen
- diverse Zusatzteile haben, die leicht auf- und abzubauen und zu reinigen sind
- vor allem ein Zusatzelement haben, mit dem Sie Gemüse schneiden und raspeln können

Wasserkocher

Ein elektrischer Wasserkocher spart gegenüber dem Elektroherd mehr als 50 % Energie und Zeit.

Sie können den Wasserkocher nicht nur beim Zubereiten von Tee und Kaffee, sondern auch zum Abkochen von Teigwaren benutzen: Erhitzen Sie dazu zuerst Wasser im Kocher bis zum Siedepunkt, während Sie eine kleine Menge Wasser auf dem Herd aufstellen. Sobald das Wasser im Kocher kocht, können Sie es dazugießen.

Kaufen Sie kein Gerät mit einer Art darunter montierter Kochplatte, sondern die effektivere Konstruktion, einen Kocher, in dessen Inneren eine Metallspirale erkennbar ist. Geräte mit vergoldeter Spirale sind etwas teurer, verkalken aber kaum.

Um die Lebensdauer Ihres Kochers zu vervielfältigen und den Energieverbrauch niedrig zu halten, müssen Sie ihn alle zwei bis drei Monate entkalken. Füllen Sie Ihren Kocher dazu randvoll mit einem billigen Essig, den Sie erhitzen (nicht kochen!), und lassen Sie ihn zwei Stunden einwirken. Wenn Sie den Essig mit einem Trichter in die Flasche zurückfüllen, lässt er sich immer wieder verwenden. Anschließend müssen Sie den Kocher gründlich ausspülen.

Backofen

Wenn Sie sich einen neuen Backofen kaufen, investieren Sie in einen selbst reinigenden (pyrolytischen) Backofen. Bei starker Backofenverschmutzung kann der Ofen auf 500 Grad erhitzt werden, und aller Dreck verbrennt zu Asche.

Schrankraum

Die Fächer in Ihren Oberschränken sind wesentlich besser zu nutzen, wenn Sie Ihre Utensilien dort in kleinen Wäschekörben (30 x 45 cm) verstauen. So können Sie viel Kleinkram unterbringen (z.B. Ausstechformen, Zusatzteile für die Küchenmaschine) und den Platz optimal nutzen.

Kapitel 10

Survival-Kochen

Die Rezepte

In diesem Kapitel erfahren Sie …

- **wie Sie es vermeiden können, 15 Jahre Ihres Lebens in der Küche zu stehen**
- **wie Sie nur noch zweimal pro Woche kochen und trotzdem jeden Tag ein Essen auf den Tisch bringen**
- **weshalb ein Wochenspeiseplan eine geniale Erfindung ist**
- **wie Sie Ihre siebzehn Rezeptbücher auf eine Survival-Rezeptbox reduzieren können**
- **viele Survival-Rezepte**

Birgits »Einmal kochen – fünfmal essen«-Version

Mit der Kocherei betrete ich den Boden meiner Leidenschaft und eines der Haupt-Geheimnisse eines Survival-Haushalts: das Mehrfach-Kochen.

Es fing bereits in Nepal an. Eine amerikanische Missionarin erzählte beiläufig von einem Buch mit dem Titel »Nur noch einmal im Monat kochen!« (»Once a month cooking«) und berichtete von ihrer Schwester, die nach diesem System ihre Familie bekocht: An Tag 1 wird eingekauft, an Tag 2 werden 30 Familienportionen der unterschiedlichsten Gerichte vorgekocht und eingefroren.

Nun, das sind amerikanische Superlative. Viele Amerikaner wohnen meilenweit vom nächsten Supermarkt entfernt und haben mehrere Riesen-Gefriertruhen in ihrer Garage stehen. Dennoch: Mich faszinierte der Gedanke, nicht mehr jeden Tag kochen zu müssen.

So fing ich – zunächst zaghaft – an, normale Rezepte doppelt zu kochen und dabei eine Mahlzeit einzufrieren. Als das ganz gut klappte, wurde ich immer mutiger.

- Heute koche ich pro Woche nur noch an ein bis zwei Tagen, dann jedoch vier- bis siebenfach.
- Ich habe inzwischen stets zwischen zwanzig und dreißig Gerichte vorrätig, um meiner Familie nicht jede Woche dasselbe vorzusetzen.
- An vier bis fünf Tagen greife ich auf bereits eingefrorene Mahlzeiten zurück.
- Etwa einmal pro Woche gibt es ein nicht einfrierbares Essen wie Pfannkuchen oder Fisch.
- Beim wöchentlichen Einkaufen brauche ich mich nur auf die Zutaten von ein oder zwei Gerichten zu konzentrieren und spare mir die endlos langen Listen.

Mehrfachkochen ist für mich das Herz des Survival-Haushalts geworden. Ich bin immer noch davon begeistert, wenn ich gegen 13.00 Uhr in meine saubere Küche komme, nur noch den Backofen oder Herd anstellen muss, die vorbereitete Lasagne vor sich hinbrutzelt und ich höchstens noch etwas Salat schneiden muss – wenn ich nicht sowieso noch fertig geschnittenen Salat von gestern habe.

Ein herrliches Gefühl der Zufriedenheit überkommt mich dann. Ohne Kocherei kann ich meiner Familie ein Mittagessen servieren. Und wie sieht das Ganze nach dem Essen aus? Da ist keine Dreckküche aufzuräumen. Nur schnell die Teller in die Spülmaschine – und die Küchenarbeit ist erledigt!

Was müssen Sie bedenken, wenn Sie mit dem Mehrfach-Kochen beginnen wollen?

- Kaufen Sie sich einen großen, qualitativ guten Kochtopf von etwa 10–14 Liter Fassungsvermögen. Die üblichen Kochtöpfe für eine vier- bis sechsköpfige Familie sind dazu zu klein.
- Schaffen Sie sich nach und nach etwa zehn Auflaufformen an. Am besten rechteckige (wegen des Stapelns im Gefrierschrank) aus Glas (die lassen sich am besten in der Spülmaschine ohne Vorschrubben reinigen).
- Fertige Aufläufe werden in Formen, Eintöpfe, Suppen, Soßen u.Ä., sobald sie abgekühlt sind, in Gefriertüten eingefroren (mit Gummis oder Klipsen luftdicht verschließen). Achten Sie darauf, dass Sie die Tüten möglichst flach einfrieren, und vergessenen Sie nicht auf einem Etikett den Inhalt zu notieren. Führen Sie ein Bestandsbuch über den Gefriertruheninhalt.
- Beginnen Sie damit, Ihre Auflauf- und Eintopfgerichte doppelt zu kochen.
- In einem Survival-Haushalt muss in der Gefriertruhe genügend Platz für die selbst gekochten Fertiggerichte sein. Sonderangebote und Obst und Gemüse haben jetzt nur noch bedingt Platz.
- Werden Sie immer mutiger und kochen Sie Aufläufe, Lasagne, Soßen und Gratins fünffach.
- Überlegen Sie, wenn Reste übrig bleiben, ob Sie sie wirklich in den nächsten Tagen verbrauchen können. Lieber sofort wegwerfen, als erst Tage später, wenn sie hinten im Kühlschrank verschimmelt sind. Vorher nicht eingefrorene Mahlzeiten oder vorher roh eingefrorene Mahlzeiten können auch portionsweise eingefroren werden. Sie eignen sich entweder für einen Resteessen-Tag (wenn sich genügend Portionen angesammelt haben) oder als Ersatz, wenn es ein Gericht gibt, das ein Familienmitglied absolut nicht mag.

- Holen Sie die eingefrorenen Fertigaufläufe am Abend zuvor aus der Gefriertruhe, sonst passiert es leicht, dass Sie innen noch gefrorene und außen schon verbrannte Aufläufe auf den Tisch bringen. In der Mikrowelle oder in warmem Wasser lassen sich Gerichte auch schnell auftauen.
- Folgende Gerichte klappen bei mir wunderbar: Gemüseaufläufe, Nudelaufläufe, Hack- und Fleischsoßen, Lasagne (roh, siehe Rezeptteil), Kartoffelgratin (gekocht), Ratatouille, indische Gemüsecurrys, Quiches, Suppen, Gulasch, Pizza, Käsespätzle.

Liebe Bianka,
am revolutionärsten finde ich das Mehrfachkochen und Einfrieren. Ich habe gerade gut 25 Essen auf Eis, koche diese Woche nur einmal richtig (nämlich vier Bleche Pizza, und das machen wir in einem Familien-Haushalts-Spaß-Einsatz gemeinsam).

So sieht mein Kochplan für diese Woche aus:

Sonntag: Penne-Nudeln mit Tomaten-Brokkoli-Sahne-Soße (habe ich achtmal eingefroren)

Montag: Hack-Ratatouille (fünfmal eingefroren, nur Reis kochen für zwei Tage)

Dienstag: Dal Bhat (Nationalgericht aus Nepal): Reis, Rote-Linsen-Soße und Gemüsecurry (viermal eingefroren)

Mittwoch: Linsensuppe (hat meine Schwiegermutter doppelt gekocht und mitgebracht)

Donnerstag: Heringstopf und Kartoffeln (nur Kartoffeln kochen und den fertigen Heringstopf von Aldi noch mit Äpfel und Gurken verfeinern)

Freitag: Kokos-Kürbis-Hähnchen (fünfmal gekocht), Reis dazu kochen und Salat (für zwei Tage putzen und einmal für den morgigen Tag in den Kühlschrank)

Samstag: Pizza und Salat (backe ich vierfach und friere dreimal ein)

Es ist so super, in eine saubere Küche zu kommen und auch nach dem Essen kaum was aufräumen zu müssen. Ebenso beim Einkauf nicht tausend Zutaten für die sieben Gerichte der Woche kaufen zu müssen, sondern nur ein oder zwei Mahlzeiten zu planen und dafür die Zutaten zu kaufen. Das spart auch Strom und Energie.

Wünsche wohl zu kochen!

Herzliche Grüße, Birgit

Ich finde das Etikettieren so nervig und habe es mir lange erspart. (»Ach, ich sehe doch durch die Tüte hindurch, was drinnen ist.«) Von wegen! So taute ich statt Sauerbraten an einem Sonntag zu Klößen und Rotkohl Linsensuppe auf.

Birgit

Weitere Tipps:

- Die einfachste Art, Kartoffeln auf den Tisch zu bringen, ist folgende: Sie schrubben die Kartoffeln gründlich, schneiden sie längs durch, legen sie mit der Schnittfläche auf ein mit Öl gefettetes (und eventuell mit Kümmel bestreutes) Backblech und backen sie bei 220 Grad etwa 25 Minuten.
- Wenn Sie häufig Knoblauch benutzen: Kaufen Sie einige Knollen, pellen Sie die Knoblauchzehen und passieren Sie sie dann in einer Moulinette. Gefrieren Sie das Knoblauchmus in Eiswürfelbehälter und füllen die Würfel anschließend in eine Gefriertüte. So können Sie sie einzeln entnehmen. Das Gleiche können Sie mit frischem, mit dem Messer zerkleinertem Ingwer und Petersilie machen.
- Raspeln Sie Käse kiloweise (grob, nicht fein) mit der Küchenmaschine in eine Gefrierdose. (Achtung: die Käseraspel nicht zusammendrücken!) Dann können Sie die gewünschte Menge Käseraspel bei Bedarf noch gefroren entnehmen und auf Aufläufe streuen.

Testen Sie neue Rezepte lieber in der Einfachversion. Als ich einen neuen Auflauf direkt fünffach kochte und die ganze Familie motzte: »Das schmeckt ja furchtbar!«, musste ich kleinlaut zugeben: »Den gibt's aber noch viermal!«

Backen

Ich backe viel weniger als früher. Bei meinem Supermarkt gibt es einfach köstliche Kuchen und Torten, und sie sind gar nicht teuer. Dennoch – an manchen Tagen überkommt mich die Sehnsucht nach gemütlichem Kuchenduft, und dann backe ich nicht einen, sondern meistens drei bis fünf Kuchen. Brot backen ist auch eine Leidenschaft von mir. Manchmal backe ich aus selbst gemahlenem Korn zeitaufwändig ein Brot, aber meistens mische ich einer Brotbackmischung einfach nur Sesam, Leinsamen und Vollkornmehl hinzu. Das klappt prima.

Birgit

- Backen Sie Ihren Lieblingskuchen doppelt und frieren Sie einen ein. Die meisten Kuchen und Torten lassen sich gut einfrieren.
- Wenn Sie Hefe- oder Mürbeteig herstellen, machen Sie doppelt so viel und frieren Sie den Teig ein.
- Einem Kilo fertiger Brotbackmischung kann man ohne Zugabe von weiteren Treibmitteln etwa 400 g Vollkornmehl/Leinsamen/Sesam zufügen. Nur noch etwas Salz und erhöhte Wassermenge zugeben.

Kochen – Bleiers gemäßigte Version

Birgits Mehrfachkochen ist für mich ein Ziel. Auf dem Weg dorthin lebe ich eine »gemäßigte Version«, die mich auch schon erheblich entlastet. Ich versuche immer mal wieder, doppelt zu kochen, und einzufrieren und sammle Rezepte, die sich dafür eignen. Wenn ich einen Teig mache, bereite ich die doppelte Menge zu und friere die Hälfte ein, das geht gut, und die nächste Pizza oder der nächste Kuchen gelingen blitzschnell.

Zugleich praktiziere ich Kettenkochen: heute Pellkartoffeln, morgen Rösti. Heute Spätzle mit Apfelbrei, morgen Käsespätzle. Heute Reis, morgen Risotto. Glorreich sind die Tage, an denen ich von der Arbeit vergangener Tage profitiere und eine Mahlzeit aus der Truhe hole. Ansonsten stehe ich selten länger als eine halbe Stunde am Herd. Aufwändigere Mahlzeiten habe ich schweren Herzens vom Alltags-Speiseplan gestrichen, weil alles seinen Preis hat – auch die Zeitspar-Küche. Aber der Gewinn an Zeit ist für mich auch Lebensqualität.

Als ich das erste Mal von Birgits Mehrfachkochen hörte, war es für mich unvorstellbar, fünf Lasagnen auf einmal zuzubereiten. Ich brauchte ja schon für eine gute Lasagne fast zwei Stunden. Dennoch war ich fasziniert. Vielleicht machte ich mir das Leben schwerer als nötig?

Andererseits: Wenn man so kocht, braucht man doch eine Reihe guter Auflaufrezepte. Und jede Menge Auflauf- und Backformen. Und Riesentöpfe ... Da muss ja erst mal die »Infrastruktur« stimmen. Dann lernte ich, dass man viele Soßen einfach in Gefriertüten einfrieren kann.

Ich fing an, meine Gulaschsuppe dreifach zu kochen. Birgit kochte sie sechsfach nach.

Ich experimentierte mit dem Einfrieren. Die Zucchini waren matschig, die Kartoffeln schwarz, die Auberginen zäh – aber der Truthahn-Reisauflauf schmeckte nach dem Auftauen besser als vorher. Ich begann, Rezepte zu sammeln, die sich für das Mehrfachkochen eignen.

Manchmal habe ich mich regelrecht »überkocht«, aber eines Tages hatte ich zwanzig Mahlzeiten in der Truhe und entdeckte, was für ein Segen es ist, von den Früchten meiner »Überkocharbeit« zu zehren, wenn ich wenig Zeit habe. Ich konnte spontan Gäste bewirten, hatte nach den Gottesdiensten keinen Kochstress mehr, kam von der Arbeit nach Hause, und das Essen war fertig.

Kurz bevor ich endgültig die Kochneurose bekam, hatte ich den Dreh raus. Allmählich konnte ich auf gute Erfahrungen zurückgreifen. Gulasch, Hacksoßen, Currysoßen, Suppen, Aufläufe, Eintöpfe ... Fragt sich nur noch, wie man sich im Tütenwald in der Truhe zurechtfindet: Wo ist der Spargelauflauf, wo die gegrillten Hähnchenschlegel? Nur gewissenhaftes Beschriften verhindert das Verwechseln der sämtlich gleich aussehenden Speisen...

Bianka

Die Rezeptbox

Jahrelang suggerierten mir meine farbenprächtigen Kochbücher und Hunderte von gesammelten Rezepten, dass ich nicht kreativ genug koche.

Trotz all dieser anregenden Vorschläge blieb ich jedoch meist bei meiner Alltagskost, ohne sie noch häufig zu variieren. Hin und wieder hatte ich deswegen ein schlechtes Gewissen. Bis mir eines Tages klar wurde, dass ich eigentlich zu meiner Art zu kochen stehe und in Wirklichkeit gar nichts Grundsätzliches ändern möchte.

Das war der Start zum Entmisten meiner aufgeblähten Rezeptsammlung und der Beginn meiner Survival-Rezeptbox!

Wenn ich heute den Speiseplan zusammenstelle, ziehe ich sieben Karten aus meinem Karteikasten (ich platze jedes Mal vor Stolz und Freude darüber), notiere die fehlenden Zutaten auf dem Einkaufszettel und verteile die Karten auf die sieben Tage in meinem To-do-Karteikasten für die Haushaltsaufgaben. Ja sagen zu meiner Begrenzung – ich bin keine Drei-Sterne-Köchin – war für mich eine echte Befreiung.

So bauen Sie Ihre eigene Rezeptkartei auf:

- Kaufen Sie einen Karteikasten mit den Maßen 16 x 21 cm, 15 Registerabtrennungen und 300 Karteikarten A6 blanko.
- Bekleben Sie die Registerabtrennungen mit Etiketten, die Sie beispielsweise wie folgt beschriften: Süßspeisen, Fleischgerichte, Fischgerichte, Getreidegerichte, Gemüsegerichte, Teigwaren, Kartoffelgerichte, Abendessen, Salate, Festliches, Desserts, Obst-Kuchen, Sahne-Kuchen, Gebäck usw.
- Machen Sie sich die Mühe, Ihre Lieblingsrezepte einzeln auf Karteikarten zu schreiben (mit dem PC oder handschriftlich). Eine einfache Version genügt: Notieren Sie die Zutaten, dazu die Zubereitung in Stichworten.
- Wenn Ihr Herz nicht an all den Rezeptbüchern hängt, die Sie seit Jahren sammeln, dann trennen Sie die Spreu vom Weizen. Bewahren Sie nur noch diejenigen auf, die eine Fülle von verwertbaren Rezepten aufweisen. Das sind die wenigsten.
- Von den anderen trennen Sie sich leichten Herzens: Schneiden Sie zuvor die wenigen Rezepte, die Sie tatsächlich schon einmal nachgekocht haben oder die eine reale Chance dazu haben, so aus, dass sie jeweils auf eine Karteikarte passen.
- Besitzen Sie handgeschriebene Kochbücher? Verfahren Sie damit ebenso – keine falsche Nostalgie! Rezepte, die seit Jahren nie

nachgekocht wurden, können Sie getrost vergessen. Die anderen schreiben Sie auf Karteikarten.

- Am Ende sind nur noch die wirklich guten Rezepte übrig, die Sie nun in den Karteikasten einsortieren können.
- Das Notieren auch der altbekannten Rezepte und das Karteikartensystem haben noch einen entscheidenden Vorteil: Sie können das Kochen so gut an ein größeres Kind delegieren! Einfach die Karte vorher miteinander besprechen, und bis Sie von der Arbeit nach Hause kommen, hat eins Ihrer Kinder vielleicht im Blick auf das Mittagessen bereits Entscheidendes unternommen.

Schnelle Einfachrezepte

Hier finden Sie die Survival-Rezepte, die sich bei uns am besten bewährt haben, in der kurz gefassten Version, wie sie auf die Karteikarten passen.

Rezepte für den Alltag

Brokkolinudeln

für 5 Personen

von 4 Brokkolistängeln den Strunk schälen, alles in mundgerechte Stücke zerteilen und in wenig Wasser mit etwas Gemüsebrühe 10 Minuten dünsten
750 g Fussili (italienische Nudeln) garen
100 ml Schlagsahne zu den Brokkoli hinzufügen, eventuell mit Mehl etwas andicken
die Brokkoli zu den Nudeln fügen

Dazu passt: Tomatensalat oder Chinakohlsalat

Rotbarschfilet mit Käse überbacken

für 5 Personen

5 Rotbarschfilets à 200 g
1 EL Zitronensaft
Salz
50 g Butter
2 Tomaten
1/8 l trockener Weißwein
100 g mittelalter Gouda
1 EL Semmelbrösel
1 EL gehackte Petersilie
Fischfilets säubern, mit Zitronensaft beträufeln und salzen
eine feuerfeste Form mit Butter ausstreichen
Filets hineinlegen
Tomaten in Scheiben darauf legen
den Wein zugießen

die Form mit Alufolie abdecken
im vorgeheizten Backofen auf mittlerer Schiene bei 200 Grad ca. 20 Minuten garen
den Käse reiben, mit den Semmelbröseln und der Petersilie mischen
Folie von der Form nehmen
die Mischung darauf verteilen und bei 250 Grad im Ofen oder unterm heißen Grill kurz überbacken bis der Käse schmilzt

Dazu passt: Kartoffelpüree

Spinat-Lasagne

für 3 Personen

650 g Rahmspinat
250 g Lasagne-Nudeln
150 g geriebener Käse
Spinat mit Lasagne-Nudeln schichten, zum Schluss mit dem geriebenen Käse bestreuen

40 Min. bei 180 Grad backen
10 Min. Nachwärme

Spaghetti mit Gorgonzola

für 5 Personen

750 g Spaghetti abkochen
400 g Schlagsahne aufkochen
200 g Gorgonzola bröckchenweise dazufügen
bei milder Hitze unter stetem Rühren auflösen
Pfeffer, einige Tropfen Zitronensaft
200 g gekochten Schinken würfeln und zufügen

Variation: statt Schinken 200 g geräucherten Lachs und etwas gefrorenen Blattspinat zufügen

Dazu passt: Salat mit Gemüse der Saison

Bandnudeln mit Roquefort-Wein-Soße

für 5–6 Personen

750 g Tagliatelle (schmale, italienische Bandnudeln) abkochen
2 kleine Zwiebeln würfeln, glasig dünsten
125 g Sahne langsam angießen, bei mäßiger Hitze ein Drittel einkochen lassen
200 g Roquefortkäse würfeln nach und nach unterrühren
100 ml trockenen Weißwein in einem dünnen Strahl zufügen
erhitzen, bis der Käse geschmolzen ist
Soße rasch mit abgegossenen Nudeln vermischen und mit reichlich Pfeffer übermahlen

Spinatauflauf mit Hackfleisch

für 5 Personen

500 g Hackfleisch anbraten
1 Zwiebel und 1 Knoblauchzehe gewürfelt dazu
Pfeffer, Salz

mit einem Schuss Sahne und einem Schuss Wein ablöschen
in eine gefettete Form schichtweise füllen:
500 g Bandnudeln
800 g aufgetauter Spinat
Hackfleischsoße
geriebener Käse

bei 200 Grad 20 Minuten garen

Variante: gewürfelten Speck hinzufügen

Kartoffelauflauf

für 5 Personen

1 kg Pellkartoffeln grob raspeln
Salz, Pfeffer
1 Zwiebel, 100 g durchwachsenen Speck würfeln, glasig rösten
200 g geräucherte Mettwurst in Streifen schneiden
200 g mittelalten Gouda würfeln
alles mit Kartoffeln mischen, in gefettete Form füllen
mit Butterflöckchen besetzen, mit geriebenem Käse bestreuen

bei 200 Grad 35 Minuten garen, bis sich eine goldgelbe Kruste gebildet hat

Dazu passt: Salat

Spaghetti carbonara

für 5 Personen

500 g Spaghetti abkochen
200 g Pancetta (ungeräucherter Bauchspeck) fein würfeln
1 rote Chilischote hacken (oder eine eingelegte Peperoni)
beides im nur mäßig heißen Olivenöl (2 EL) langsam anbraten, bis der Speck Farbe annimmt
4 Eier mit 8 EL Sahne verquirlen
Salz, Pfeffer

Gekochte Spaghetti sofort mit der Speckmischung, dann mit den Eiern vermengen

Gästeessen ohne viel Aufwand

Freunde bei sich zu haben ist etwas Schönes. Und der Gipfel der Gemütlichkeit ist es, gemeinsam zu essen. Hier finden Sie einige Rezepte, die Ihnen erlauben, mit minimalem Aufwand ein leckeres Essen zu zaubern.

Wir laden öfters sonntags einen ganzen Trupp Leute ein. Ich habe aber keine Lust, deshalb am Samstag in der Küche zu stehen. Dieses Dilemma löst folgendes bewährte Standardrezept. Es ist selbst von meiner elfjährigen Tochter in zehn Minuten vorbereitet.

Birgit

Hähnchenauflauf

Für 8 Personen

1 Kilogramm Hähnchen- oder Truthahnbrust in Gulaschstücke geschnitten
400 ml Schmand
200 ml Sahne
200 ml Milch
2 Tüten Zwiebelsuppe
(evtl. 1 EL Currypaste oder 1 TL Curry)

Alles vermischen und in einer Auflaufform etwa 45 Min. backen. Das Rezept lässt sich mühelos verdoppeln.

Dazu passen: Fertigspätzle und gemischter Salat.

Flotter Lachs

4 Portionen für den kleinen Hunger

500 g Lachs (evtl. 2 gefrorene Packungen à 250 g)
1 Tüte Krabbensuppe
200 ml Sahne

Sahne und Krabbensuppe vermischen, Lachs in größere Stücke schneiden, mit Sahnemischung in Auflaufform 30–40 Min. bei 180 Grad backen.

Dazu passen: Bandnudeln und Salat

Spinat-Lachs-Nudeln

750 g Bandnudeln garen (auch grüne schmecken sehr gut)
1 Zwiebel und 1 Knoblauchzehe fein würfeln
anschwitzen
750 g Tiefkühl-Blattspinat dazu mit 1 Becher Sahne, 100 ml Milch und dem Saft von ½ Zitrone ablöschen
gegen Ende der Garzeit 200 g zerpflückten ungeräucherten Lachs und Krabben aus dem Kühlregal dazufügen
Salz, Pfeffer

Dazu passt: gemischter grüner Salat

Risotto marinara

1 Liter Milch
½ Liter Sahne
1 Brühwürfel
1 Beutel Frutti di mare tiefgekühlt
alles zusammen eine halbe Stunde einkochen

Dazu passen: Reis und Salat

Blechkartoffeln

Backofen auf 225 Grad vorheizen, 40 g Butterschmalz in der Fettfangschale erhitzen, mittlere Schiene

1,5 kg festkochende Kartoffeln schälen, würfeln
200 g Bauchspeck würfeln
alles im heißen Fett verteilen
Salz, Pfeffer, 2 EL Majoran zwischendurch wenden
nach 20 Minuten 20 g Butter dazu
noch 10 Minuten braten

Dazu passt: grüner Salat

Champignons mit Krabbenfüllung

die Stiele von 12 großen Champignons fein hacken
2 kleine Zwiebeln würfeln
1 Knoblauchzehe würfeln
alles in Butter dünsten, bis die Flüssigkeit verdampft ist
abkühlen lassen

1 Bund gemischte Kräuter der Saison hacken
75 g Crème fraîche und 2 Eigelb unter die Masse rühren, pfeffern,
die Hälfte von 150 g Krabben hacken und untermischen
Champignons füllen, den Rest der Krabben oben drauf legen
mit 20 g zerlassener Butter beträufeln
3 Minuten unter vorgeheiztem Grill

Dazu passt: Knoblauch-Baguette

Sahneschnitzel

Am Vortag:
8 Scheiben Schweineschnitzel oder Putenbrust würzen und anbraten
in eine gebutterte Auflaufform legen
3 Becher Schlagrahm und 3 Becher Sauerrahm aufkochen und darüber gießen, abkühlen lassen
in den Kühlschrank stellen.
Am nächsten Tag:
bei 200 Grad 45 Minuten im Backofen garen

Dazu passen: Spätzle

Blitztorte

Tortenboden (gekauft oder selbst gebacken) oder Torteletts
bestreichen mit einer Creme aus:
2 Crème fraîche, 200 g Frischkäse, Zitronensaft, Vanillezucker
Guss:
1 Glas Rote Grütze mit einem Tortenguss aufkochen und darüber streichen

Penne-Nudeln-Bolognese-Auflauf (8 x)

250 g fertig geschnittene Schinkenwürfel in ¼ Tasse Öl anbraten
2 kg Hack mit anbraten
1 kg Lauch (oder große Zwiebeln) geschnitten
1 ½ kg Möhren (in der Küchenmaschine geraspelt)
6 große Dosen geschälte Tomaten (800 ml)
600 g Tomatenmark
4 EL Gemüsebrühe
2 TL Salz
1 TL Curry
1 EL Oregano
3 TL italienische Kräuter oder Pizzagewürz
etwas frisch gemahlenen Pfeffer
5 Knoblauchzehen
15 Min. mitgaren lassen, zum Schluss evtl. etwas mit Mehl andicken
2,5 kg Penne-Nudeln (kürzer und dicker als Makkaroni) in Salzwasser knapp (!) gar kochen, mit kaltem Wasser abschrecken
alle Auflaufzutaten abkühlen lassen (wichtig: nicht in heißem Zustand mischen!)
Nudeln in acht Gefriertüten einfüllen, Bolognesemischung dazugeben. Einfrieren.
Bei Bedarf aufgetaut (dauert etwa 12 Stunden!) in eine Auflaufform geben, gut mischen und mit 200 g geriebenem Gouda ca. 20 Min. bei 175 Grad überbacken

Variationen:
Die Bolognesemischung separat einfrieren und bei Bedarf dazu Spaghetti kochen
Lasagnenudeln (nicht gekocht) mit kalter Bolognesenmischung und Bechamelsoße (selbst hergestellte oder Fertigsoße) abwechselnd in Auflaufform schichten
mit 150 g Käse bestreuen
Auflaufform mit Frischhalte-Folie abdecken und in Abfallbeutel (Gefriertüten sind zu klein) einfrieren
angetaut (nach etwa 6 Stunden) ca. 45 Min. bei 180 Grad backen

Schinken-Käse-Quiche (5 x)

1 kg Mehl
500 g Margarine
5 Eier
1 Backpulver
½ Tasse Wasser
1 TL Salz

Einen Mürbeteig herstellen und fünf Backformen auslegen
1 kg gekochten Schinken in Stücke schneiden
1 kg mittelalten Gouda grob reiben
Schinken und Käse auf den Teig geben

600 ml saure Sahne
600 ml Schmand
1 Tl Salz

1 TL gekörnte Gemüsebrühe
10 Eier
frisch gemahlener Pfeffer verquirlen und über den Käse verteilen

etwa 30–35 Min. bei 180 Grad backen
abgekühlt einfrieren und bei Bedarf aufgetaut kurz im Ofen erwärmen
oder: direkt nach dem Herstellen roh einfrieren und unaufgetaut bei Bedarf backen (dabei verlängert sich die Backzeit um etwa 5 Minuten)

Mediterraner Gemüseauflauf (4 x)

½ Tasse Olivenöl
6 große Dosen geschälte Tomaten (oder 10 kleine)
6 Knoblauchzehen
400 g Tomatenmark

In einem großen Topf 10 Min. einkochen lassen. Die Tomaten dabei mit einem großen Messer im Topf etwas zerkleinern.

1,5 kg Gemüsezwiebeln in Ringe schneiden und mitkochen lassen
1,5 kg Zucchini in 0,5 cm dicke Scheiben schneiden
6 Paprika (bunt) klein schneiden
3 EL gekörnte Gemüsebrühe
Pfeffer
1–2 TL Salz
2 EL gemischte italienische Kräuter
2 Bund frisches Basilikum (oder entsprechend mehr italienische Kräuter)
zu der Tomatenmischung geben und etwa 5–10 Min. kochen lassen (Gemüse darf nicht zu weich werden)

300 g frischen Parmesankäse (mit der Küchenmaschine fein geraspelt)
400 g Crème fraîche
miteinander mischen
Gemüse abgekühlt in vier Auflaufformen verteilen, die Parmesan-Crème-fraîche-Mischung mit einem Esslöffel in Flöckchen darauf verteilen
600 g frisch geriebenen Gouda darauf streuen

aufgetaut noch 20–25 Min. bei 200 Grad backen

Dazu passt: Ciabatta und trockener Rotwein

Chili con Carne (5x)

1 kg Hackfleisch (gemischt) in Pflanzenöl mit
3 gewürfelten Zwiebeln und 3 gepressten Knoblauchzehen anbraten
1,5 l Wasser hinzufügen und
5 Beutel »Fix Chili con Carne« einrühren
das Ganze 10 Min. köcheln lassen
5 Dosen (425 ml) Kidney-Bohnen waschen und mit

500 g passierten Tomaten hinzufügen
mit Oregano, Majoran, Salz und Pfeffer abschmecken
20 Minuten leicht kochen lassen

Dazu passt: Brot oder Reis

Hackfleischfladen (5 x)

Einen Vorteig aus 1,5 kg Mehl, 3 Würfeln Hefe, 3 TL Zucker, 3 EL lauwarmer Milch herstellen, warm stellen und 15 Minuten gehen lassen
120 g Butter in 0,75 l warmer Milch auflösen, 3 Eier und Salz darunter rühren und
10 Minuten schlagen, bis sich Blasen bilden
20 Minuten gehen lassen

In 150 g Butter 6 Zwiebeln und 3 grüne Paprika 5 Minuten dünsten
750 g Hackfleisch 4 Minuten anbraten
Paprikapulver
Salz
15 EL Ketchup

Teig auf fünf Bleche verteilen
mit dem Hackfleischteig bestreichen

bei 180 Grad 20 Minuten backen
dick mit 1,2 kg mittelaltem Gouda bestreuen
5 Minuten fertig backen

Dazu passt: grüner Salat

Hähnchen-Reis-Pfanne (4 x)

1 kg Reis
4 Zwiebeln
je 4 grüne, gelbe und rote Paprikaschoten
4 Tomaten
16 Hähnchenbrustfilets
Butter zum Anbraten
Salz
schwarzer Pfeffer
Paprikapulver
Knoblauch
Petersilie
evtl. Sojasoße

den Reis kochen
Zwiebeln in Würfel schneiden
in der Butter glasig anbraten
gewürfelte Paprikaschoten zufügen und etwa 5 Minuten mitgaren
Hähnchenfilets in mundgerechte Stücke schneiden, zugeben und durchbraten lassen
die Gewürze hinzufügen
zuletzt die gewürfelten Tomaten hinzugeben
wenn alles gar ist, mit dem Reis vermengen
abkühlen lassen und in vier Gefriertüten einfrieren
aufgetaut langsam unter Rühren oder in der Mikrowelle erwärmen

Gulaschsuppe (5 x)

2 kg Rindfleisch würfeln
in Schweineschmalz anbraten
Mehl darüber stäuben
Öl erhitzen
Fleisch portionsweise kräftig anbraten
800 g Zwiebeln
6 Knoblauchzehen
2 Bund Suppengrün
200 g Tomatenmark
3 ½ l Fleischbrühe und ¾ l Rotwein ablöschen
Salz
Pfeffer
Majoran
Zucker
süßer und scharfer Paprika
60 Min. kochen
750 g Kartoffeln würfeln
3 rote, 3 grüne und 3 gelbe Paprika würfeln
15 Tomaten würfeln
25 Min kochen

portionsweise abgekühlt in Tüten einfüllen

Tortenboden (5 x)

500 g Margarine
350 g Zucker
5 Päckchen Vanillezucker
10 Eier
750 g Mehl
2 Päckchen Backpulver

5 Tortenböden backen, dabei den Boden der Springformen nur flach belegen und ohne Seitenteile einfrieren
bei Bedarf auftauen (30 Min.) und zu folgender

Survival-Kirschtorte

weiter verarbeiten:

Seitenteile der Springform wieder einfügen
1 Glas Sauerkirschen abgetropft auf dem Tortenboden verteilen
2 Becher Sahne
2 Päckchen Vanillezucker
2 Päckchen Sahnesteif
Sahne steif schlagen
2 Becher Joghurt untermischen
auf die Kirschen verteilen
den Kirschsaft (¼ l) mit Tortenguss andicken, etwas abkühlen lassen und als oberste Schicht auf die Sahne verteilen

Varianten:
Boden einfach wie üblich mit Obst und Tortenguss belegen oder zur Blitztorte (s. Einfachrezepte) verarbeiten

Noch ein Wort, bevor Sie loslegen

Zum Schluss möchten wir gerne noch auf ein paar Fragen antworten, die uns häufig gestellt werden.

1. Survival-Haushalt – ist das nicht nur etwas für zielstrebige Frauen?

Frauen, die sich von klaren Zielen her stark motivieren lassen, sind oft Feuer und Flamme, wenn es darum geht, Survival-Ideen in die Tat umzusetzen. Veränderung, etwas Neues ausprobieren, das liegt ihnen einfach im Blut.

Andere Frauen lieben die Veränderung weniger und reagieren zunächst zögernd. Sie prüfen erst gründlich, ob es sich wirklich lohnt, ihre bewährten Arbeitsmethoden aufzugeben. Doch wenn die Idee sie überzeugt, dann haben sie oft den längeren Atem und gehen strategisch an Umstrukturierungen heran.

Letztlich müssen Sie Ihren ganz eigenen, Ihnen entsprechenden Weg finden. Prüfen Sie alles und behalten Sie das Gute. Entdecken Sie, was Ihnen und Ihrer Familie entspricht, welche der Tipps für Sie brauchbar sind. Entwickeln Sie Mut, auch ungewöhnliche Methoden auszuprobieren. Fragen Sie sich immer wieder: Hilft mir diese Maßnahme auf Dauer, froher und entspannter zu leben und Zeit für das, was mir wichtig ist, zu gewinnen? Wenn ja, dann ist es für Sie eine geeignete Survival-Maßnahme.

2. Wenn ich einen Survival-Haushalt führe, habe ich dann alles im Griff?

Nein, das haben Sie nicht. Wenn Sie wollen, dass alles bei Ihnen immer und unter allen Umständen wie am Schnürchen läuft, dann sind Sie in der Gefahr, in die Perfektions-Falle zu geraten. Keine von uns wird immer alles im Griff haben können, ohne sich oder andere dabei völlig zu überfordern.

Es ist nicht unser Ziel, alles hundertprozentig im Griff zu haben. Das führt zu Überorganisation, die mehr Anstrengung als Erleichterung bringt. Wenn ein Kind krank wird, gleichzeitig die Waschmaschine ihren Geist aufgibt und die Tochter vergisst, die Gefriertruhe wieder zu schließen, dann breitet sich auch in einem Survival-Haushalt das Chaos aus. Aber, und das ist der entscheidende Unterschied: Chaoszustände sind die Ausnahme und übersichtliche Gelassenheit die Norm.

Die Kardinalfrage lautet: Was bestimmt Sie normalerweise, in Anlehnung an die 80:20-Regel, also zu 80 % Ihrer Zeit? Bestimmt Sie das Chaos oder die geplante Gelassenheit? Sind Sie normalerweise die souverän Agierende oder die gehetzt Reagierende?

Planung und Gelassenheit in den normalen Zeiten und gelassen im Chaos schwimmen, wenn es dann halt mal so ist ... das ist unser Ziel!

Liebe Birgit,
ich habe schon wieder neue Survival-Ideen umgesetzt, und an den meisten Tagen klappt es wunderbar. Aber als ich neulich mehrere Projekte unter Zeitdruck zu Ende bringen musste, wir verreisen wollten, eine Tochter nach Frankreich fuhr, die andere zum Reiten gefahren werden musste, die Arzttermine von Jan sich wieder mal häuften ..., da ließ ich die Pläne Pläne sein, räumte Werner keine einzige Unterhose mehr hinterher und erledigte die Wäsche irgendwie, wenn überhaupt, ersetzte im Speiseplan die anspruchsvollere Mahlzeit durch Döner und so weiter ...

Bianka

3. Kann ein Survival-Haushalt in der Kleinkindphase überhaupt funktionieren?

Wenn Sie kleine Kinder haben, sollten Sie besonders darauf achten, dass aus Ihren guten Plänen kein starres Gesetz wird. Schon Fieber und eine durchwachte Nacht können Ihre Planung völlig über den Haufen werfen. Nehmen Sie es so locker wie möglich. Leben mit Kleinkindern heißt Leben mit dem Unerwarteten.

Seien Sie barmherzig mit sich selbst: Greifen Sie in angespannten Situationen auf Tiefkühl-Pizza zurück, verlegen Sie Ihren Waschtag und beginnen Sie um Himmels willen nicht mit einer Großkochaktion. Die können Sie für nächste Woche erneut einplanen und durchziehen, wenn sonst alles entspannt läuft.

Eine gute Balance zwischen Organisation und Struktur auf der einen und Flexibilität und Humor auf der anderen Seite, die brauchen Sie in dieser Lebensphase ganz besonders.

4. Fehlt es in einem Simplify-Haushalt nicht an Gemütlichkeit, Wärme und Spontaneität?

Chaos und Zeitdruck sind das Gegenteil von Gemütlichkeit. Ordnung und strukturiertes Vorgehen schaffen Freiräume, Ruhe, Gelassenheit und Zeit für Ihre persönlichen Interessen und Zeit für Ihre Familie.

> *Früher habe ich viel mehr Zeit in den Haushalt investiert, und trotzdem war es chaotischer und ich war unzufriedener und erschöpfter. Es macht unser Zusammenleben gemütlicher, dass ich heute seltener in der Küche stehe, seltener einkaufe, nicht mehr täglich Wäsche durch das Haus trage und nur noch eine klar begrenzte Zeit zum Putzen brauche.*
>
> *Bianka*

5. Vieles hört sich ja gut an, aber wo soll ich nur anfangen?

Welches Kapitel hat Sie am meisten angesprochen? Beginnen Sie mit diesem Bereich. Dort, wo Sie am meisten motiviert sind, werden Sie am schnellsten Erfolgserlebnisse haben. Vermeiden Sie, in Ihrem Haushalt mehrere »Baustellen« auf einmal zu errichten, sondern begrenzen Sie sich auf eine bestimmte Sache. Danach sind Sie ermutigt, sich auch anderen Gebieten zuzuwenden.

Besser einfach ist einfach besser: das ist unser Resümee!

Ich bin keine Hausfrau aus Leidenschaft und habe lang genug unter meiner mangelnden Organisiertheit gelitten. Deshalb bin ich begeistert von jeder Erleichterung im Haushalt.

Wenn ich Bilanz ziehe und schaue, was sich für mich durch all die Survival-Umstellungen geändert hat, dann fällt mir am meisten auf, dass es keine Berge mehr in meinem Haushalt gibt: kein Bügelberg, kein Wäscheberg, kein Geschirrberg, kein Staubberg, keine Aufräumberge. Es ist alles im Fluss. Der Haushalt nimmt nicht mehr so einen hohen Stellenwert ein. Die Kinder sind dankbar für klarere Strukturen und Zuständigkeiten. Der Arbeitsumfang ist klar begrenzt und wir bringen es gemeinsam hinter uns. Mein Mann genießt es, dass ich heute entspannter und weniger frustriert bin. Ich fühle mich entlastet und habe mehr Zeit für die Dinge, die mir wirklich wichtig sind.

Bianka

Früher überkam mich oft das beklemmende Gefühl, für das Eigentliche in meinem Leben keine Zeit zu haben. Über lange Zeit wusste ich aber gar nicht, was dieses »Eigentliche« für mich war.

Inzwischen kann ich durch das Lebensplankonzept mein »Eigentliches« besser erfassen. Es ist für mich eine gelungene und auswogene Mischung aus Ehe, Familie, Beruf, Gemeinde-Engagement, persönlichen Freiraum und Freunden. Für diese Lebensbereiche brauche ich Raum und Zeit.

Dank der Vereinfachungen im Survival-Haushalt habe ich heute diesen Freiraum. Dort läuft jetzt alles mit einem geringen Zeitaufwand und erfordert nicht mehr so viel Kraft.

Ich bin von dieser Art der Haushaltsführung total begeistert. Sie funktioniert!

Birgit

Bianka Bleier

Stinknormal und einfach herrlich

Aus dem Tagebuch einer frommen Hausfrau

Einfach herrlich und erfrischend!

Ein Dorf mit Möchtegern-Kleinstadtcharakter, ein altes Haus mit Hühnern statt Hollywoodschaukel im Garten, zwei Töchter im aufgewecktesten Alter, ein Sohnemann, der eins von Gottes ganz speziellen Geschenken ist, ein Ehemann, ein Hund, ein Gemüseacker – das sind die Zutaten, aus denen der Alltag der Bianka B. gemixt wird. Nichts Besonderes – wäre da nicht der unwiderstehliche Drang, der die erschöpfte Mutter, Köchin, Krankenschwester, Nachhilfelehrerin, Geliebte, Therapeutin und Tierpflegerin spät abends zum PC schleichen und der Festplatte in schonungsloser Offenheit alles anvertrauen lässt.

»Meine Tagebuchaufzeichnungen sind emotional, lückenhaft und total subjektiv«, schreibt Bianka Bleier.

»Beim Lesen hatte ich immer den Eindruck, wir würden uns schon lange kennen, fast als wären wir Schwestern.« »Es hat mir unheimlich viel Mut für meinen eigenen Alltag gegeben.« So schreiben Leserinnen der Zeitschrift FAMILY.

Eine ideale Erfrischungs-Lektüre für Frauen.

256 Seiten, kartoniert
ISBN 3-417-20874-2

Bianka Bleier

Tonnenschwer und federleicht

Neue Seiten aus dem Tagebuch der frommen Hausfrau

Die fromme Hausfrau schreibt weiter!

»Stinknormal und einfach herrlich« – ein Titel, in dem unzählige Frauen ihr eigenes Leben erkannt haben, und ein Buch, das sie, wie viele der Autorin schrieben, zum Lachen und Weinen gebracht hat.

Jetzt geht es weiter, mit Tagebuchseiten, in denen auch von etlichen schwierigen Momenten die Rede ist und in denen doch immer wieder Liebe und Hoffnung den Tag bestimmen. Geschrieben mit einem Humor, der einfach unverwechselbar ist. Ein Frühjahrsputz für staubig-graue Seelenfenster.

272 Seiten, kartoniert
ISBN 3-417-20877-7

R. Brockhaus Verlag Wuppertal